한달완성

한국어 중급 II 쓰기

연세대학교 한국어학당 편

연세대학교 대학출판문화원

한달완성
한국어 중급 II 쓰기

편저자 연세대학교 한국어학당 교재편찬위원회
집필진 이희경·전나영·김수미·서명숙
펴낸곳 연세대학교 대학출판문화원
주소 서울특별시 서대문구 연세로 50
전화 02)2123-3378~80
팩스 02)2123-8673
E-mail ysup@yonsei.ac.kr
홈페이지 http://press.yonsei.ac.kr
연세대학교 대학출판문화원
등록 1955년 10월 13일 제9-60호
그림 이은황
성우 전광주·윤미나
녹음 (주)반도음반
인쇄 (주)동국문화

2006년 6월 29일 초판 발행
2017년 4월 28일 1판 5쇄
ISBN 978-89-7141-827-7 (08710)

값 20,000원

머리말

한국어 교육의 50년 전통을 이어 온 연세대학교 언어연구교육원 한국어학당에서는 한국어 교육의 질을 높이기 위해 다양한 교재를 편찬해 왔다. 요즘 한국과 한국 문화에 대한 세계인들의 관심이 높아지고 한국어를 배우고자 하는 해외동포와 외국인이 늘면서 한국어 교재에 대한 학습자들의 요구도 다양해졌다. 이에 따라 연세대학교 언어연구교육원 한국어학당에서는 한국어 중급 학습자를 위해 말하기, 듣기, 쓰기 능력을 강화할 수 있는 교재를 출간하게 되었다. 이들 교재는 학습자들이 한국어를 배우면서 부족하다고 느끼는 기술별 한국어 능력을 보충할 수 있도록 하기 위해 만들어졌다. 각 교재는 학습자들이 필요와 목적에 따라 선택하여 집중적으로 기술별 한국어 능력을 향상할 수 있도록 구성되었다.

언어 교육은 목표 언어를 통한 의사소통 능력을 향상시키고 그 언어가 속한 사회와 문화를 이해하는 데 그 목적이 있다. 이를 위해서는 일정 수준의 언어 능력이 우선되어야 할 것이다. 이 교재는 짧은 시간에 기술별 한국어 능력을 강화시키고자 하는 학습자들에게 많은 도움이 될 것이며 한국어학당에서 출간된 회화 중심의 교재와 더불어 한국어 교육에 큰 몫을 담당하리라고 본다.

이들 교재는 한국어 중급 학습자를 위한 기술별 교재로는 첫 번째 시도인 만큼 부족한 부분도 있으리라 생각한다. 연세대학교 언어연구교육원 한국어학당 교재편찬위원회는 앞으로도 학습자들의 요구에 부응하는 보다 나은 교재를 개발하기 위해 최선을 다할 것이다.

연세대학교 언어연구교육원
한국어학당 교재편찬위원회

일러두기

이 책은 한국어 중급 학습자들의 쓰기 능력을 향상시키기 위해서 만들어진 교재로 총 20개의 과로 이루어져 있으며, 각 과는 학습 목표 및 표현 제시, 예시문, 표현 익히기, 익힌 표현으로 글 쓰기의 순서로 구성되어 있으나 과의 성격에 따라 이를 벗어난 경우도 있다.

- 각 과의 **학습 목표**와 **표현**은 학습해야 할 기능별 쓰기 활동의 종류와 문형의 성격을 중심으로 제시되어 있다.
- **I**의 예시문은 각 과의 학습 목표와 표현을 한눈에 익힐 수 있는 문장으로 구성되었다.
- **II**에서는 각 과의 표현을 문형 중심으로 제시한 후 문장 쓰기나 간단한 글 쓰기를 통하여 충분히 익힐 수 있도록 구성되어 있다. 과의 성격에 따라서 어휘나 속담, 관용어가 제시된 경우도 있다.
  그리고 제시된 표현 중 문형에 사용된 약자의 의미는 다음과 같다.
  N → 명사, Vst → 동사 어간, AVst → 동작 동사 어간, DVst → 상태 동사 어간

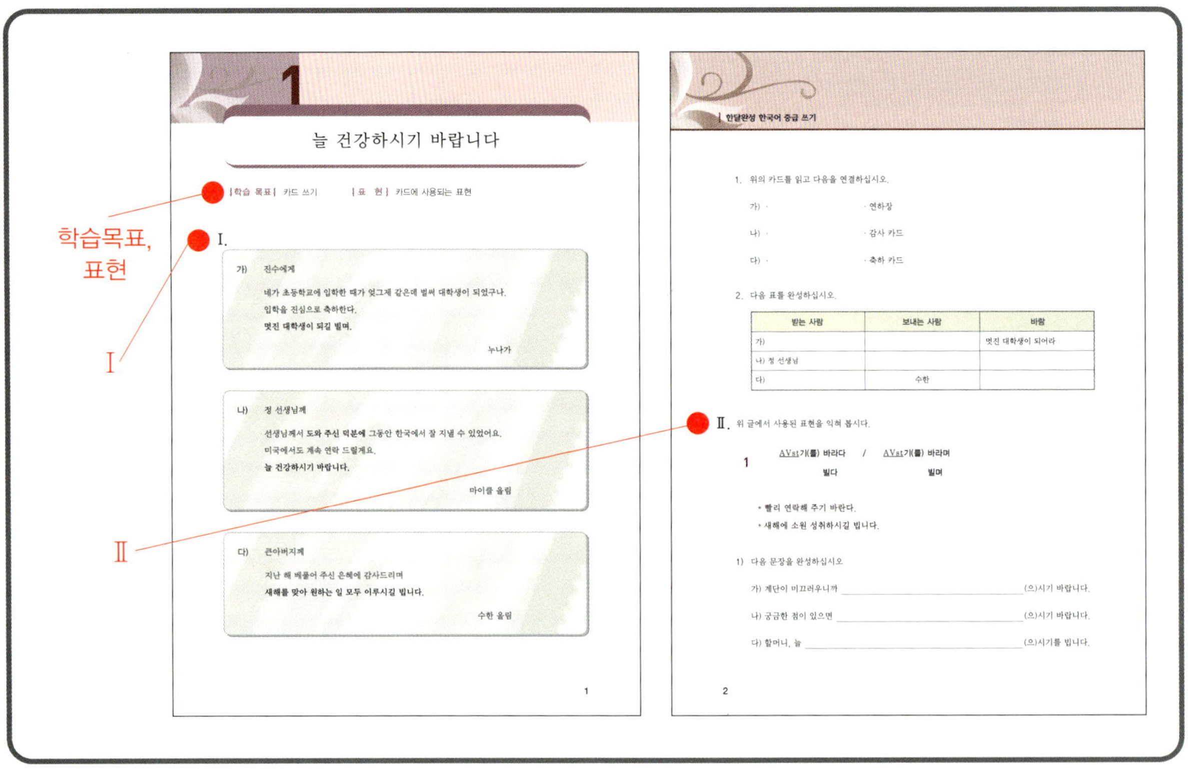

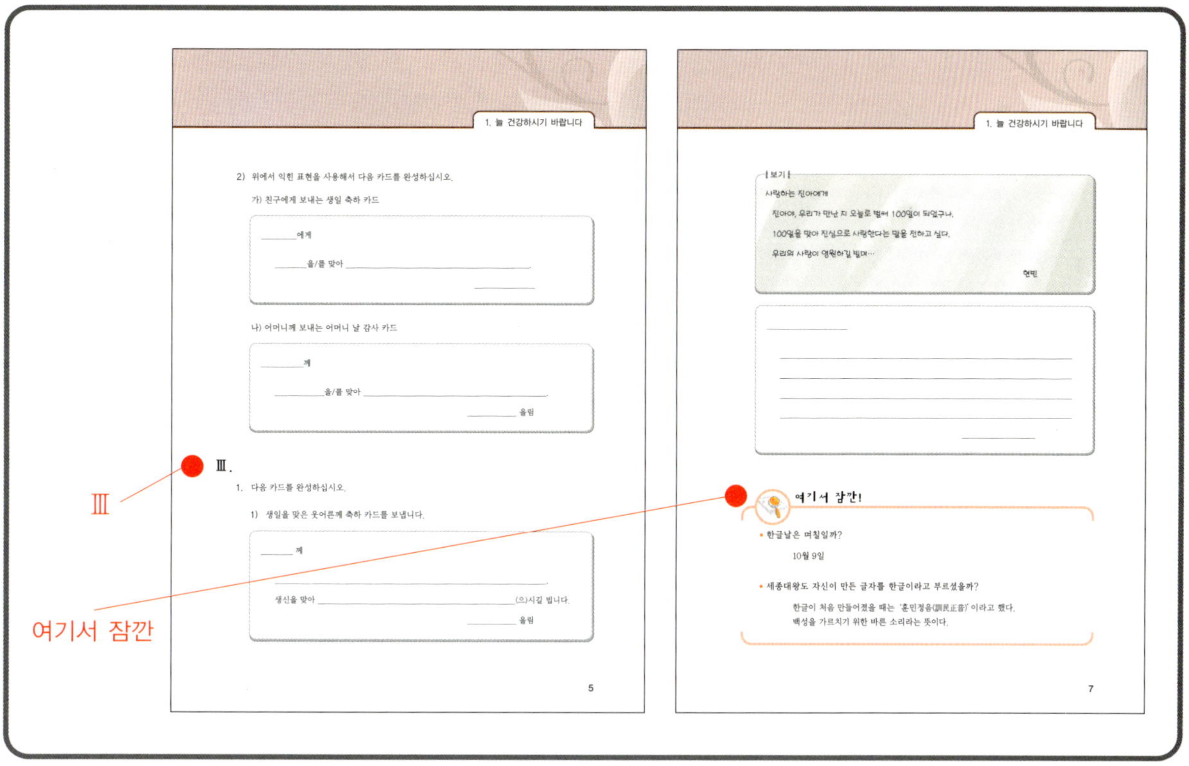

- Ⅲ 에서는 앞에서 익힌 표현을 사용하여 각 과의 학습 목표에 제시된 기능의 글 쓰기를 직접 해 볼 수 있다.
- '여기서 잠깐'은 과의 주제와 관련된 참고 자료를 제시한 것이다. 한국어에 관한 지식이나 한국 사회를 엿볼 수 있는 통계 자료 등을 보여 주며 홀수 과의 마지막에 있다.

본 교재를 교실에서 사용하는 경우에는 학습자의 수준과 관심 분야에 따라 내용을 선택하여 수업을 진행할 수 있으며 50분 수업을 기준으로 한 수업 구성의 일반적인 예는 다음과 같다.

1. Ⅰ의 예시문을 통한 생각 열기 (5-10분)
2. Ⅱ의 표현 익히기 (15-20분)
3. Ⅲ의 글 쓰기 (10-15분)
4. 수정 및 발표, 의견 교환 등의 쓰기 후 활동 (5-10분)

내용 구성

과	제목	학습 목표	표현	
1	늘 건강하시기 바랍니다	카드 쓰기	카드에 사용되는 표현	• AVst기 바라다 • N 덕분에 • N을/를 맞아
2	우리 언니는 영화배우처럼 예쁘다	묘사하는 글 쓰기	비유, 강조 표현	• 마치 N 같다 • 얼마나 Vst(으)ㄴ/는지 모르다
3	꼼꼼히 보느라고 늦어졌습니다	사과 편지 쓰기	사과할 때 필요한 표현	• AVst느라고 • AVst도록
4	식당에서 있었던 일이다	글 시작하기	회상 표현, 속담	• Vst던/ Vst었(았, 였)던 N • 여러 가지 속담
5	저는 어학에 소질이 있습니다	자기 소개서 쓰기	자기 소개서에 필요한 어휘	• 전공 / 특기/ 성격에 관련된 어휘
6	내가 새라면	간단한 시 쓰기	가정의 조건, 양보 표현	• N(이)라면 / Vst(ㄴ/는)다면 • N(이)라도 / Vst(ㄴ/는)다 해도
7	30대의 결혼율이 증가한 것으로 밝혀졌다	간단한 기사 쓰기	신문 기사에 사용되는 표현	• N에 의하면 • N(으)로 인한 • Vst(으)ㄹ 전망이다 등
8	출산율이 1.16명으로 떨어졌다	수치 자료를 제시하여 글 쓰기	비교, 수치 자료 표현	• N(으)로 예측되다 • N(으)로 증가하다, 감소하다 • N에 달하다
9	우산을 가지고 나왔더라면	경험담 쓰기	후회 표현	• Vst었(았, 였)더라면 Vst었(았, 였)을 텐데
10	창덕궁만큼 아름다운 곳이 없는 것 같다	여행지 소개 글 쓰기	나열, 강조 표현	• N(이)며 N(이)며 • N만큼 Vst(으)ㄴ/는 N이/가 없다

과	제목	학습 목표	표현	
11	돌이란 아기의 첫 번째 생일을 말한다	풍습을 소개하는 설명문 쓰기	목적, 기원을 나타내는 표현	• N(이)란 • AVst(으)라고 • AVst기를 바라면서 • AVst기 위해서
12	앞 차가 갑자기 서는 바람에 부딪혔다	자세하게 설명하는 글 쓰기	이유, 원인 표현	• AVst는 바람에 • Vst(으)니만큼
13	운동장 이용에 대해서 건의하고자 합니다	건의문 쓰기	건의문에 사용되는 표현	• N에 대해서 • AVst고자 하다 • Vst (으)나 • Vst 었(았,였)으면 하다
14	몇 시간이 지나자 부산에 도착했다	요약하는 글 쓰기	연결, 이유 표현	• AVst자 • Vst(으)므로
15	호랑이는 혼이 나고 말았다	이야기 쓰기	결과를 나타내는 표현	• AVst고 말다
16	내 마음은 호수요	삼행시, 모방시 쓰기	비유, 동시 나열 표현	• Vst(으)며
17	연기를 잘 하기로는 그 배우를 따를 사람이 없다	영화 감상문 쓰기	강조 표현	• 여간 DVst(으)ㄴ 일이 아니다 • Vst기로는 N을/를 따를 N이/가 없다 • 영화 감상문에 필요한 어휘
18	운동을 한다 한다 하는 것이 못 하고 있다	주제에 대해 글 쓰기	경고, 과거 회상 표현	• AVstㄴ/는다 AVstㄴ/는다하는 것이 • AVst다가는 • Vst더니
19	세금 인상이 가장 좋은 방법이라고 생각한다	주장문 쓰기	의견, 당연함을 나타내는 표현	• Vst(ㄴ/는)다고 보다 • Vst(으)면 Vst게 마련이다
20	손에 땀을 쥐게 하는 경기였다	관용어 사용해서 글 쓰기	몸에 관련된 관용어	• '얼굴이 반쪽이 되다' 등

차례

1

늘 건강하시기 바랍니다

| 학습 목표 | 카드 쓰기　　**| 표　현 |** 카드에 사용되는 표현

I.

가) 진수에게

네가 초등학교에 입학한 때가 엊그제 같은데 벌써 대학생이 되었구나.
입학을 진심으로 축하한다.
멋진 대학생이 되길 빌며.

누나가

나) 정 선생님께

선생님께서 **도와 주신 덕분에** 그동안 한국에서 잘 지낼 수 있었어요.
미국에서도 계속 연락 드릴게요.
늘 건강하시기 바랍니다.

마이클 올림

다) 큰아버지께

지난 해 베풀어 주신 은혜에 감사드리며
새해를 맞아 원하는 일 모두 이루시길 빕니다.

수한 올림

1. 위의 카드를 읽고 다음을 연결하십시오.

가) · · 연하장

나) · · 감사 카드

다) · · 축하 카드

2. 다음 표를 완성하십시오.

받는 사람	보내는 사람	바람
가)		멋진 대학생이 되어라.
나) 정 선생님		
다)	수한	

Ⅱ. 위 글에서 사용된 표현을 익혀 봅시다.

1 AVst기(를) 바라다 / AVst기(를) 바라며
빌다 빌며

- 빨리 연락해 주기 바란다.
- 새해에 소원 성취하시길 빕니다.

1) 다음 문장을 완성하십시오

가) 계단이 미끄러우니까 ______________________ (으)시기 바랍니다.

나) 궁금한 점이 있으면 ______________________ (으)시기 바랍니다.

다) 할머니, 늘 ______________________ (으)시기를 빕니다.

2) 다음 표를 완성한 후 문장으로 써 보십시오. 라)는 여러분이 카드를 보내고 싶은 사람을 생각한 후 써 보십시오.

카드를 받는 사람	나의 바람
가) 군대에 입대하는 친구	건강하게 잘 다녀와라.
나) 새로운 사업을 시작하는 사람	사업이 번창하십시오.
다) 병원에 입원한 사람	
라)	

가) ______________________________ 기 바라며.

나) ______________________________ (으)시기 바랍니다.

다) ______________________________ (으)시길 빕니다.

라) ______________________________ .

2

N 덕분에 ____________

AVst (으)ㄴ 덕분에 ____________

- 선생님 덕분에 한국에서 잘 지낼 수 있었습니다.
- 네가 도와 준 덕분에 유학 생활을 잘 마치게 되었다.

1) 다음 문장을 완성하십시오.

가) 네가 도와 줘서 이사가 잘 끝났어.

→ ____________ 덕분에 ______________________ .

→ ____________ (으)ㄴ 덕분에 ______________________ .

나) 여러분이 열심히 일해 주셔서 우리 회사가 더욱 발전하게 되었습니다.

→ ______________ 덕분에 ______________________________.

→ ______________ (으)ㄴ 덕분에 ______________________________.

다) 어머니께서 잘 키워 주셔서 저희가 잘 자랐습니다.

→ ______________ 덕분에 ______________________________.

→ ______________ (으)ㄴ 덕분에 ______________________________.

2) 도움을 준 사람을 생각하면서 감사 카드를 써 봅시다.

_______ 에게(께)

__________ 덕분에 ______________________.

정말 고맙다. (진심으로 감사드립니다.)

________ (올림)

3 N 을/를 맞아 ______________

- 생신을 맞아 더욱 건강하시기 바랍니다.
- 추석을 맞아 많은 사람들이 고향으로 돌아가려고 한다.

1) 다음을 연결하여 쓰십시오.

가) 봄 / 집안 분위기를 바꾸고 싶다.

나) 김장철 / 배추 값이 많이 올랐다.

다) 성탄절 / 가족들과 즐겁게 지내시기 바랍니다.

2) 위에서 익힌 표현을 사용해서 다음 카드를 완성하십시오.

가) 친구에게 보내는 생일 축하 카드

________에게

________을/를 맞아 ____.

____

나) 어머니께 보내는 어머니 날 감사 카드

__________께

____________을/를 맞아 ____.

____________ 올림

Ⅲ.

1. 다음 카드를 완성하십시오.

1) 생일을 맞은 웃어른께 축하 카드를 보냅니다.

________ 께

____.

생신을 맞아 ____(으)시길 빕니다.

____________ 올림

2) 한 학기를 마치며 한국말 선생님께 감사 카드를 보냅니다.

> ____________께
>
> 그동안 __________덕분에 ______________________________.
>
> 은혜에 감사드리며 ________________(으)시기 바랍니다.
>
> __________ 올림

3) 새해를 맞아 고향에 계시는 부모님께 연하장을 보냅니다.

> ___________께
>
> 아버지, 어머니, 새해 ______________________________.
>
> 새해를 맞아 ______________________________(으)시길 빕니다.
>
> 한국에서 ________ 올림

2. 다음 중에서 하나를 골라 카드를 써 봅시다.

- 축하 카드 (생일 / 결혼 / 졸업 / 입학 / 기념일 / 승진 / 개업 / 출산 등)
- 감사 카드
- 크리스마스 카드
- 연하장

보기

사랑하는 진아에게

진아야, 우리가 만난 지 오늘로 벌써 100일이 되었구나.

100일을 맞아 진심으로 사랑한다는 말을 전하고 싶다.

우리의 사랑이 영원하길 빌며…

현빈

____

____

____

____

____

____

여기서 잠깐!

- 한글날은 며칠일까?

  10월 9일

- 세종대왕도 자신이 만든 글자를 한글이라고 부르셨을까?

  한글이 처음 만들어졌을 때는 '훈민정음(訓民正音)' 이라고 했다.
  백성을 가르치기 위한 바른 소리라는 뜻이다.

2 우리 언니는 영화배우처럼 예쁘다

| 학습 목표 | 묘사하는 글 쓰기　　　**| 표　현 |** 비유, 강조 표현

I.

가) 오렌지는 어른 주먹만한 크기에 모양은 **공처럼 둥글다.** 새콤달콤한 향이 나고 껍질을 만져 보면 매끄럽고 차갑다. 겉껍질은 주황색이고 껍질의 안 쪽은 흰색이다. 속의 모양은 귤의 속과 같다.

나) 우리 언니는 키가 크고 날씬한 데다가 갸름한 얼굴에 눈도 크고 코도 오똑하고 해서 **마치 영화배우 같다.** 게다가 **목소리도 얼마나 좋은지 모른다.** 그런데 나는 그런 언니와 너무 대조적으로 키도 작고 못 생겨서 친구들로부터 놀림을 받는다.

1. 위 글은 대상을 그리듯이 묘사한 글입니다. 다음 표에 내용을 정리하십시오.

묘사 대상	크기 키, 체격	모양 형태, 얼굴 모양	특징	기타
가) 오렌지	어른 주먹만하다.		• 껍질이 매끄럽고 차갑다. • • •	새콤달콤한 향이 난다.
나) 우리 언니	키가 크다. 날씬하다.	갸름하다.	• • • 영화배우 같다.	목소리도 아주 좋다.

2. 다음 표의 묘사 대상에 대해 위 글과 같이 정리하고 묘사의 글을 간단히 써 보십시오.

묘사 대상	크기 키, 체격	모양 형태, 얼굴 모양	특징	기타
수박	사람 머리만하다.		• • •	
참외			• • •	

수박은 ____________________

참외는 ____________________

3. 위 (나)글에서 나는 어떻게 생겼을까요? 언니와 대조적으로 생긴 나에 대해서 간단히 써 보십시오.

나는 ____________________

Ⅱ. 위 글에서 사용된 표현을 익혀 봅시다.

1

N (은)는 Vst 어(아, 여)서 (마치) N 같다

N (은)는 (마치) N 처럼 ______________

- 우리 형은 곰처럼 행동이 느리다.
- 마리코 씨는 발음이 자연스러워서 마치 한국사람 같다.

1) 다음은 무엇에 비유할까요? 맞게 연결하십시오.

가) 아주 작은 눈 •	• 별
나) 아주 큰 키 •	• 보름달
다) 반짝반짝 빛나는 눈 •	• 단춧구멍
라) 아주 크고 맑은 눈 •	• 전봇대
마) 크고 둥근 얼굴 •	• 호수

2) 위에서 연결한 내용으로 다음 문장을 완성하십시오.

가) 그 사람 눈이 너무 ______________ 어(아, 여)서 마치 ______________________ 같다.

나) 그 사람은 키가 너무 ______________ 어(아, 여)서 마치 ____________________ 같다.

다) 내 동생 눈은 마치 ______________ 처럼 __________________________________.

라) 여자 친구의 눈은 마치 ______________ 처럼 ______________________________.

마) 요즘 많이 먹어서 얼굴이 마치 ______________ 처럼 ________________________.

2 얼마나 Vst (으)ㄴ/는/었(았,였)는지 모른다

- 나이가 들수록 세월이 얼마나 빠른지 모른다.
- 어머니의 칭찬 한 마디가 저에게 얼마나 큰 힘이 되었는지 모릅니다.

1) 다음 문장을 완성하십시오.

가) 마이클 씨는 서울 지리를 아주 잘 안다.

→ 마이클 씨는 ______________________________.

나) 한국에 와서 처음 한 달 동안 너무 힘들었다.

→ 한국에 와서 처음 한 달 동안 ______________________________.

다) 요즘 나오는 휴대폰들은 색상과 디자인이 아주 다양하다.

→ 요즘 나오는 휴대폰들은 ______________________________.

2) 얼굴이나 모습을 떠올리면서 써 보십시오.

가) 내 동생은 속눈썹이 정말 길다.

→ ______________________________.

나) 아기들의 통통하고 발그레한 볼이 참 귀엽다.

→ ______________________________.

다) 요코 씨는 어깨까지 내려오는 생머리가 아주 잘 어울린다.

→ ______________________________.

Ⅲ. 생김새에 관련된 어휘를 더 알아보고, 다음 표에 자신과 옆 사람에 대해 정리한 후에 위에서 익힌 표현들을 사용하여 묘사하는 글을 써 보십시오.

1. 생김새에 관련된 어휘

키, 체격 ▶ 키가 크다, 키가 작다, 보통 키,
뚱뚱하다, 통통하다, 날씬하다, 마르다, 체격이 좋다

얼 굴 형 ▶ 갸름하다, 둥글다, 동그랗다, 길다, 계란형, 역삼각형, 각진 얼굴

머 리 ▶ 긴 머리, 단발머리, 커트머리, 머리가 어깨까지 오다, 머리를 하나로 묶다,
생머리, 퍼머머리, 곱슬머리, 반곱슬머리

눈 ▶ 눈썹이 짙다, 쌍꺼풀이 있다, 눈이 크다, 눈이 작다
눈 꼬리가 올라가다, 눈 꼬리가 처지다

코 ▶ 코가 오똑하다, 코가 납작하다, 코가 길다, 코가 짧다, 주먹코

피부 ▶ 여드름이 나다, 주근깨가 있다, 점이 있다, 피부가 좋다

2. 다음 표를 완성한 후에 묘사하는 글을 써 보십시오.

묘사 대상	나	옆 사람
키, 체격		
얼굴형		
머리		
눈		
코		
기타 특징		
전체적인 느낌		

나

3

꼼꼼히 보느라고 늦어졌습니다

| 학습 목표 | 사과 편지 쓰기　　**| 표　현 |** 사과할 때 필요한 표현

I.

준호 씨께

준호 씨, 그동안 잘 지내셨어요?

이번 주부터는 강의 준비로 바쁘시지요?

오늘 제가 메일을 드린 이유는 다름이 아니라 지난번에 부탁하신 서류 번역을 아직 다 못 끝냈기 때문이에요.

정말 죄송해요.

사실은 **꼼꼼히 보느라고** 늦어진 데다가 지난 주에는 **일본에 다녀오느라고** 작업을 못 했거든요.

다음 주까지는 반드시 마치도록 할 테니까 조금만 더 기다려 주세요.

그때 약속대로 한턱내실 거지요? 기대하고 있답니다.

그럼 다시 한번 사과드리며 이만 줄이겠습니다.

2005년 9월 5일

미영 드림

1. 위의 편지를 읽고 다음 질문에 대답을 써 보십시오.

   1) 준호 씨는 미영 씨에게 무엇을 부탁했습니까?

   2) 미영 씨가 약속을 지키지 못 한 이유는 무엇입니까?

   3) 미영 씨는 뭐라고 약속했습니까?

2. 위의 편지 내용을 다음 대화로 바꿔 보십시오.

미영 : ______________________________ 어(아, 여)서 정말 미안해요.

준호 : 미안하기는요. 바쁘실 텐데 도와 주셔서 고마울 뿐인데요.

미영 : 사실은 ______________ 느라고 ____________________ 었(았, 였)어요.

게다가 ______________ 느라고 ____________________ 었(았, 였)거든요.

준호 : 아, 어쩐지 그래서 지난 주에는 전화를 안 받으셨군요.

미영 : 다음 주까지는 ______________________________ (으)ㄹ게요.

준호 : 그때는 제가 ______________________________ (으)ㄹ 테니까 기대하세요.

Ⅱ. 위 글에서 사용된 표현을 익혀 봅시다.

1 Vst 느라고 ____________

- 청소기를 돌리느라고 벨 소리를 못 들었다.
- 좋아하는 드라마를 보느라고 숙제를 끝내지 못했다.

1) 다음 문장 중에서 정확한 문장을 하나 고르십시오. (　　　)

① 아침에 늦게 일어나느라고 지각했어요.
② 친구가 놀러 오느라고 숙제를 못 했어요.
③ 게으르느라고 일을 제시간에 끝내지 못 했어요.
④ 다른 생각을 하느라고 선생님 설명을 못 들었어요.

2) 다음 문장을 완성하십시오.

가) 친구하고 노느라고 ______________________________ 지 못했다.

나) ______________________________ 느라고 잠을 못 잤다.

다) 선생님, 그동안 ______________________ 느라고 수고 많으셨습니다.

라) 한국에 처음 왔을 때 ______________________ 느라고 고생했는데 이제는 괜찮아요.

3) 다음 표를 완성한 후 문장으로 써 보십시오.

하지 못한 일	이유 (그때 한 일)
가) 번역을 끝내지 못했다.	일본에 다녀왔다.
나) 선생님 설명을 못 들었다.	다른 생각을 했다.
다) 친구의 메일에 답장을 못 했다.	
라)	밀린 회사 일을 했다.
마)	

가) 일본에 다녀오느라고 번역을 끝내지 못했다.

나) ______________________ 느라고 선생님 설명을 못 들었다.

다) ______________________ 느라고 답장을 못 했다.

라) 밀린 회사 일을 하느라고 ______________________.

마) ______________ 느라고 ______________________.

2 Vst 도록 ______________

- 다음부터는 제시간에 도착하도록 하겠습니다.
- 컵이 깨지지 않도록 조심해서 다뤄 주세요.

1) 다음 문장을 완성하십시오.

가) 박 과장 : 김 대리, 오늘 또 지각이군!

김 대리 : 죄송합니다. 내일부터는 ______________________________도록 하겠습니다.

나) 교사 : 이번 시험 결과도 좋지 않군요.

학생 : 다음에는 __________________도록 _________________________겠습니다.

다) 손녀 : 할머니께서 이 소식을 들으시면 많이 놀라실 텐데.....

손자 : 할머니가 __________________도록 ______________________________자.

라) 아빠 : 이 녀석 자는 모습이 너무 귀엽군.

엄마 : 쉿! 아이가 __________________도록 _________________________(으)세요.

2) 다음 표를 완성한 후 문장으로 써 보십시오.

잘못한 일	약속, 다짐
가) 숙제를 하지 않았다.	다음부터는 꼭 하겠다.
나) 빌린 책을 반납하지 않았다.	
다) 약속을 잊어버렸다.	수첩에 적어 놓겠다.
라)	

가) 다음부터는 꼭 숙제를 하도록 하겠습니다.

나) 내일까지 ____도록 하겠습니다.

다) ____________________________도록 __________________________________.

라) ____________________________도록 __________________________________.

Ⅲ.

1. 상황에 맞도록 문장을 완성하십시오. 그리고 그 중에서 하나를 골라 사과하는 내용의 이메일을 써 봅시다.

   1) 극장에서 친구의 문자 메시지를 바로 확인하지 않아 문제가 생겼다.

   → ________________________느라고 메시지 확인을 하지 못했다.

   다음부터는 ________________________도록 하겠다.

   2) 해외 출장 때문에 친구 결혼식에 참석하지 못했다.

   → ________________느라고________________.

   집들이에는 ________________________도록 하겠다.

   3) 아르바이트 때문에 바빠서 약속을 깜빡 잊어버렸다.

   → ____________느라고 ________________.

   앞으로 ____________도록 ________________.

〈상황 1의 보기〉

보기

은희야,

어제는 정말 미안했어.

극장에서 영화를 보느라고 네 문자 메시지를 확인하지 못했어.

바로 연락이 안 와서 많이 기다렸지?

다음부터는 메시지 확인을 자주 하도록 할게.

수진이가

2) 여러분도 누군가에게 사과하고 싶은 것이 있습니까?
위에서 익힌 표현을 사용해서 사과 편지를 써 봅시다.

____________에게(께)

(인사 – 상대방의 안부를 묻고 자신의 소식을 알려 줍니다.)

(하고 싶은 말 – 사과의 표현을 써 봅시다.)

(끝 인사 – 상대방의 건강을 빌거나 자주 연락하겠다는 약속을 합니다.)

년 월 일

________________(올림)

여기서 잠깐!

- 한국 사람들이 많이 사용하는 이모티콘

^^	웃음
*^^*	부끄러운 웃음
--;;	당황스러움
ㅜㅜ	슬픔
ㅠㅠ	아주 슬픔

4

식당에서 있었던 일이다

|학습 목표| 글 시작하기　　**|표　현|** 회상 표현, 속담

I.

가) **식당에서 있었던 일이다.** 오랜만에 함께 간 회사 동료들과 한참을 얘기하다 보니 평소 10분 정도면 나오는 음식이 30분이 지나도 나오지 않았다. 음식을 만드는 데 시간이 걸리는 게 당연하지만 1시간밖에 안되는 점심시간에 30분은 너무했다.

.........(이하 생략).........

나) **비가 많이 내리던 날이었다.** 그날 나는 야간 근무를 마치고 집으로 돌아오는 길이었다. 야간근무가 힘들었는지 운전 중에 자꾸 졸음이 몰려 와서 길 옆에 잠깐 차를 세웠다. 그런데 차를 세우자마자 이내 잠이 들었었나 보다.

.........(이하 생략).......

▶ 글의 첫머리는 사람의 얼굴과 같습니다. 글의 첫머리를 어떻게 시작하느냐에 따라 듣는 사람이나 읽는 사람의 관심을 끌 수도 있고 그렇지 못할 수도 있습니 다. 글의 첫머리는 **장소, 주인공, 시간, 사건, 속담** 등으로 시작할 수 있습니다.

1. 위의 글은 어떤 방법으로 시작했습니까? 다음 표에 정리하십시오.

	글 시작하는 방법	글 시작하는 문장 쓰기
가)	장소로 시작하기	
나)	시간으로 시작하기	

2. 위 글과 같이 여러 방법으로 글을 시작하는 문장을 쓰십시오.

글 시작하는 방법	글 시작하는 문장 쓰기
장소로 시작하기	• 엘리베이터 앞에서 있었던 일입니다. •
주인공으로 시작하기	• 우리 반에는 눈이 크고 얼굴이 아주 귀엽게 생긴 유진이라는 친구가 있다. •
시간으로 시작하기	• 오늘 아침이었다. 학교에 가려고 대문을 나서는데 대문 앞에 작은 고양이 한 마리가 웅크리고 앉아 있었다. •
사건으로 시작하기	• 시험 시간에 갑자기 문이 확 열렸다. •
속담으로 시작하기	• "원숭이도 나무에서 떨어질 때가 있다."라는 말이 있다. 그러나 사람들은 이 말을 잊고 살 때가 많다. •

Ⅱ. 위 글에서 사용된 표현을 익혀 봅시다.

1

<u>Vst</u> 던 <u>N</u>

<u>Vst</u> 었(았, 였)던 <u>N</u>

- 아직 종이가 많이 남았구나. 쓰던 공책 마저 쓰고 새 공책을 써라.
- 지난 11월 12일부터 19일까지 부산에서 열렸던 APEC회의가 무사히 끝났다.

1) 다음 중에서 맞는 것을 고르십시오.

가) 봄이 오니까 (얼던 / 얼었던) 강물이 다 녹았네요.

나) 민호야, 지난 주말에 친구들하고 (가던 / 갔던) 산이 어디라고 했지?

다) 어머니, 제가 (마시던 / 마셨던) 커피 못 보셨어요? 아직 다 안 마셨는데...

라) 어제 12시쯤 길을 (걸어 가던 중에 / 걸어 갔던 중에) '펑' 하는 폭발음을 들었습니다.

2) 다음을 연결하여 쓰십시오.

가) 노래방에서 노래를 부르고 있었다 / __ 중이었다.

→ ________________________________ 중이었다.

나) 눈이 아주 많이 내리고 있었다 / __ 날이었다.

→ ________________________________ 날이었다.

다) 아침에 먹었다 / 그 음식이 참 맛있었다.

→ ________________________________ 음식이 참 맛있었다.

라) 지난 크리스마스 때 있었다 / 그 일을 잊을 수가 없다.

→ ________________________________ 일을 잊을 수가 없다.

2. 다음 속담을 익혀 봅시다.

- 천릿길도 한 걸음부터
- 소 잃고 외양간 고친다
- 무소식이 희소식이다
- 누워서 떡 먹기
- 낮 말은 새가 듣고 밤 말은 쥐가 듣는다
- 사공이 많으면 배가 산으로 간다
- 가는 말이 고와야 오는 말이 곱다
- 원숭이도 나무에서 떨어질 때가 있다

1) 다음 대화에 어울리는 속담을 쓰십시오.

가) ______________________________.

과장님 : 우리 회식 어디에서 할까요?

직원 1 : 중국 음식으로 하죠.

직원 2 : 퓨전 한식이 좋지 않겠어요?

직원 3 : 아니요, 고깃집에 가서 고기도 먹고 소주도 한잔 하죠.

과장님 : 그래서 어디로 가자는 거예요?

나) ______________________________.

친구 1 : 이건 비밀인데... 절대로 다른 사람에게 알려지면 안 돼.

친구 2 : 난 비밀은 지키는 사람이야. 그런데 누가 들을지 모르니까 너 말 조심해라.

다) ______________________________.

형 : 네가 그린 사람은 꼭 외계인처럼 생겼다.

동생 : 뭐? 형이 그린 그림은 손이 아니라 발로 그린 그림 같은데?
발로 그려도 형보다는 잘 그리겠다.

형 : 뭐라고? 너 말 다했어?

2) 위의 속담을 사용해서 다음 대화를 완성하십시오.

가) 어머니 : 얘, 워드 프로세서 자격 시험이 언제지?

딸 : 다음 달인데 뭐부터 해야 할지 몰라서 걱정이 돼요.

어머니 : 너무 급하게 생각하지 마라. "____________________"라고 하잖니?

차근차근 준비하도록 해라.

나) 어머니 : 얘, 워드 프로세서 자격 시험이 언제지? 준비 안 하니?

아 들 : 잘 할 자신 있으니까 안 해도 돼요.

어머니 : 네가 잘 하는 건 알긴 하지만 ____________________는데...

아 들 : 저한테는 ____________________ 니까 걱정하지 마세요.

(일 주일 후)

어머니 : 시험 결과 발표가 났니?

아 들 : 네, 그런데 떨어졌어요. 오늘부터 열심히 할게요.

어머니 : 진작 열심히 하지. ____________________는 격이구나.

3) 위의 2) 가), 나)의 대화를 이용해서 속담으로 글을 시작해 보십시오.

	글 시작하는 문장 쓰기
가)	"____________________" 라는 말이 있다. 뭐든 너무 급하게 생각하지 말고 차근차근 준비해 가면 목표를 이룰 수 있다는 말이다.
나)	"원숭이도 나무에서 떨어질 때가 있다"라는 말이 있다. ____________________

Ⅲ. 다음 글을 읽고 이 글을 읽을 사람이 누구인지를 생각해 보십시오. 그리고 글의 첫머리를 시작하는 방법 중에서 하나를 골라 글을 써 보십시오.

보기

글을 읽을 사람 : 새로운 생활을 시작하는 신입생

글 첫머리 : 속담으로 시작하기

속담에 '천릿길도 한 걸음부터' 라는 말이 있다. 무슨 일이나 그 일의 시작이 중요하고 아무리 먼 거리라도 한 걸음 한 걸음 쉬지 않고 계속 가게 되면 천 리가 끝나 목적지에 닿게 된다는 말이다.

우리는 어떤 일을 할 때 시작도 하지 않고 미리 겁부터 내거나, 기대에 부풀어 덤벙대다가 실패하는 경우가 있다. 그런가 하면 실패가 두려워 시작도 하지 않고 환경을 탓하는 경우도 있다.

아무리 멀고 험한 길도 한 걸음 한 걸음 성실히 걸어가면 목표 지점에 이르는 것은 물론, 성취의 큰 기쁨을 얻을 수 있게 된다. 올해는 공부하는 데 무슨 과목에 얼마만큼의 시간을 투자할까? 건강관리는 어떻게 할까? 등, 충분한 계획을 세운 후에 학교생활을 시작하면 분명히 성공할 수 있을 거라고 믿는다.

글을 읽을 사람 : ____________________

글 첫머리 : ____________________

5

저는 어학에 소질이 있습니다

| 학습 목표 | 자기 소개서 쓰기　　**| 표　현 |** 자기 소개서에 필요한 어휘

I.

저는 니시무라 히로미라고 합니다. ○○외국어대학에서 한국어를 전공하고 1년 간 한국어 연수를 다녀온 경험이 있습니다. 2005년에는 한국어 능력시험 6급에 합격하였고 대학 시절에는 틈틈이 통역 봉사 활동을 하면서 실력을 쌓아 왔습니다. 제가 한국어 교사를 지원한 이유는 제 전공을 살리면서 보람 있는 일을 하고 싶었기 때문입니다. 저는 책임감이 강할 뿐만 아니라 매사에 적극적이어서 교사로서 최고의 조건을 갖추고 있다고 자부합니다. 기회가 주어진다면 그동안 쌓은 실력을 발휘해서 최고의 한국어 교사가 되고 싶습니다.

1. 위 글을 읽고 다음 표를 완성하십시오.

전공	한국어
특기 및 자격증	
경력	1년 간 한국 연수, 　한국어 통역
지원 동기	
자신의 장점	
앞으로의 희망	

Ⅱ.

1. 자기 소개서에 필요한 어휘를 익힌 후 문장을 완성하십시오.

전공 : N을/를 전공하다, 학사/석사/박사 학위를 받다, 심리학, 언어학, 법학, 교육학, 경영학, 정치학, 국제 관계학, 생물학, 화학, 물리학, 약학, 의학

특기 : 자격증을 따다, N에 소질이 있다, 어학, 악기 연주, 동아리 활동

성격 : 적극적이다, 소극적이다, 외향적이다, 내성적이다, 활발하다, 명랑하다, 사교적이다, 다정하다, 자상하다, 꼼꼼하다, 침착하다, 신중하다, 낙천적이다, 끈기가 있다, 책임감이 강하다, 인내심이 강하다

기타 : 전공을 살리다, 꿈을 이루다, 보람이 있다, 도전하다

- 저는 ____________________년에 ____________________________을/를 졸업했습니다.
- 저는 대학(원)에서 ____________________을/를 전공하여 ____________________학위를 받았습니다. (받을 예정입니다.)
- 저는 특히 ______________에 소질이 있어 ____________________________________.
- 학창 시절에는 ______________________ 동아리에서 활동하였습니다.
- 제 성격은 _________________________고 ____________________________ㅂ/습니다.

2. 다음 중에서 여러분이 희망하는 분야를 하나 선택한 후 보기와 같이 지원 동기를 써 봅시다.

- 잡지사 기자
- 여행사 직원
- 한국어 교사
- 대기업이나 은행의 직원
- 과학 분야 연구소의 연구원
- 한국 대학이나 대학원의 신입생
- 재택 근무가 가능한 광고 회사 카피라이터

보기

저는 잡지사에서 한국 전문 기자가 되고 싶습니다. 한국에서 배운 한국말과 한국 문화를 알릴 수 있는 일 중에서 이보다 더 보람 있고 재미있는 일이 없다고 생각합니다.

____

____

____

3. 자신을 한마디로 표현할 수 있는 멋진 문장을 써서 자기 소개서의 제목으로 붙여 봅시다.

보기

- 21세기가 요구하는 최고의 인재 ○○○
- 저를 선택해 주실 귀사의 미래는 밝습니다.
- 역사를 기록하는 사람이 아닌, 역사에 기록될 인물이 되고 싶습니다.

____

Ⅲ.

1. 위의 글들을 바탕으로 Ⅱ의 2번에서 지원한 분야의 자기 소개서를 써 봅시다.

2. 완성된 소개서를 옆 친구와 바꾼 후 친구가 쓴 소개서에서 다음을 확인합시다.

1) 문장이 간결하고 정확합니까?

2) 글쓴이의 장점이 잘 나타났습니까?

3) 인상적인 문장을 찾아 밑줄을 길게 그으십시오.

4) 필요 없거나 고칠 부분이 있으면 괄호로 묶으십시오.

5) 맞춤법이 정확하지 않은 단어를 찾아 짧게 밑줄을 그으십시오.

3. 자기가 쓴 소개서를 돌려받은 후 친구가 지적해 준 부분을 고쳐 보십시오.

여기서 잠깐!

• 한국 대학생들이 선호하는 직업은?

1위 : 공무원
2위 : 대기업 사원
3위 : 교사
4위 : 컴퓨터 프로그래머
5위 : 홍보 전문가

– 2005년 5월 인터넷 취업 포털 잡링크 조사 결과

■ 한국의 대표적인 이력서 양식 ■

<table>
<tr><td rowspan="7"></td><td colspan="3" rowspan="3">이 력 서</td><td>희망부서</td><td>해외 영업부</td></tr>
<tr><td>희망직급</td><td>사원</td></tr>
<tr><td>희망연봉</td><td>3,000만원</td></tr>
<tr><td rowspan="3">성 명</td><td>한글</td><td>박 진 우</td><td colspan="2">주민등록번호</td></tr>
<tr><td>한자</td><td>朴 眞 宇</td><td colspan="2" rowspan="2">820325 – *******</td></tr>
<tr><td>영문</td><td>Park Jin Woo</td></tr>
<tr><td colspan="5">생년월일 서기 1982년 3월 25일 (만 ○○세)</td></tr>
<tr><td>주 소</td><td colspan="3">서울시 서대문구 연희 3동 21-19</td><td>자택전화</td><td>337-1234</td></tr>
<tr><td>E-mail</td><td colspan="3">jinwoo@hanmail.com</td><td>휴대전화</td><td>010-123-4567</td></tr>
<tr><td>호적관계</td><td>호주와의 관계</td><td colspan="2">장남</td><td>호주성명</td><td>박 원 일</td></tr>
</table>

년	월	일	학력사항	발령청
1995	2	10	연희 초등학교 졸업	
1998	2	15	명지 중학교 졸업	
2001	2	12	명지 고등학교 졸업	
2008	2	28	연세대학교 경영학과 졸업	

6 내가 새라면

| 학습 목표 | 간단한 시 쓰기 **| 표 현 |** 가정의 조건, 양보 표현

I.

내가 새라면

내가 새라면
새 중에서 가장 멀리 나는
새가 되고 싶다.
세상 그 어떤 곳이라도
날아갈 수 있는
멀리 나는 새가 되고 싶다.

1. 위의 글은 '내가 새라면'을 제목으로 쓴 시입니다. 시의 내용을 다음 표에 정리하고, 같은 방법으로 여러분의 생각을 정리한 후에 간단한 시를 써 보십시오.

내가 N(이)라면	Vst (으)ㄴ/는 N (이)가 되고 싶다
새	• 새 중에서 제일 멀리 나는 새 •
꽃	• 꽃 중에서 가장 향기가 좋은 꽃 •

내가 ________(이)라면

____

Ⅱ. 위 글에서 사용된 표현을 익혀 봅시다.

1

N (이)라면 ____________

Vst (ㄴ/는)다면 ____________

- 내가 부모라면 아이와 친구처럼 지낼 거야.
- 타임머신이 있다면 100년 후의 과학기술을 배워 올 수 있을 텐데.

1) 다음 문장을 완성하십시오.

가) 내가 너라면 ________________________________.

나) 내가 남자(여자)라면 ________________________________.

다) 만일 혼자서 무인도에 살게 된다면 ________________________________.

라) ________________(ㄴ/는)다면 ________________________________.

2) 내가 되고 싶은 것을 생각해 보고, 만약에 그렇게 된다면 어떻게 하고 싶은지 써 보십시오.

가) 내가 ______________________(이)라면 ____.

나) 내가 ______________________(이)라면 ____.

다) 내가 ______________________(이)라면 ____.

2

N (이)라도 ________________

Vst (ㄴ/는)다 해도 ________________

- 아무리 어려운 문제라도 포기하지 말고 꼼꼼히 풀어 봐요.
- 호랑이에게 물려 간다 해도 정신만 차리면 살 수 있다.

1) 다음 문장을 완성하십시오.

가) 아무리 훌륭한 대통령이라도 ____.

나) 아무리 가까운 사이라도 ____.

다) 이번 시험 결과가 나쁘다 해도 ____.

2) 위의 표현을 사용해서 다음 문장을 완성하십시오.

가) ______________________________(이)라도 상했으면 버려야지요.

나) ______________________(ㄴ/는)다 해도 희망을 갖고 열심히 살아야 해요.

다) ______________________(ㄴ/는)다 해도 ______________________________.

Ⅲ. 위에서 익힌 표현을 사용해서 시를 써 봅시다.

1. 다음 표를 완성하고 문장으로 써 보십시오.

	Vst(ㄴ/는)다 해도	Vst(ㄴ/는)다면	중요한 사실
가)	돈이 없다.	마음이 따뜻하다.	행복할 것이다.
나)	힘든 일이 있다.	사랑하는 사람이 옆에 있다.	견뎌낼 수 있을 것이다.
다)			

가) ____________(ㄴ/는)다 해도 ____________(ㄴ/는)다면 ____________.

나) ____________(ㄴ/는)다 해도 ____________(ㄴ/는)다면 ____________.

다) ____________(ㄴ/는)다 해도 ____________(ㄴ/는)다면 ____________.

2. 다음 시를 읽고 자신의 생각을 표에 완성한 후에 시를 써 보십시오.

보기

만일

만일 네가 모든 걸 잃었고 모두가 너를 비난한다고 해도
너 자신이 머리를 똑바로 쳐들 수 있다면,
만일 모든 사람이 너를 의심한다고 해도
너 자신은 스스로를 신뢰할 수 있다면
(… 중략 …)
만일 인생의 길에서 성공과 실패를 만난다 해도
그 두 가지를 똑같은 것으로 받아들일 수 있다면
네가 말한 진실이 왜곡되어 바보들이 너를 욕한다 해도
너 자신은 그것을 참고 들을 수 있다면
(… 중략 …)
너는 비로소 한 사람의 어른이 되는 것이다.

(류시화, '잠언시집' 중에서)

Vstㄴ/는다 해도	Vstㄴ/는다면	중요한 사실

만일

7

30대의 결혼율이 증가한 것으로 밝혀졌다

|학습 목표| 간단한 기사 쓰기 **|표 현|** 신문 기사에 사용되는 표현

I.

최근 통계청 **발표에 의하면** 20대 결혼율이 10년 만에 절반 수준으로 뚝 떨어졌고 대신 30-35세 남녀의 결혼율은 남자가 약 20%, 여자가 약 60% **증가한 것으로 밝혀졌다**. 왜 이처럼 결혼 연령이 높아지고 있는 것일까? 한 결혼 정보 회사가 전국의 미혼 남녀 1,033명을 대상으로 **조사한 결과에 따르면** 49.6%가 '적당한 상대를 만나지 못해서' 라고 **대답한 것으로 나타났다**. '결혼 자금이 부족해서' 라는 대답이 그 뒤를 이어 **불경기로 인해** 결혼을 늦추는 젊은이들도 많음을 알 수 있었다.

1. 위의 신문 기사를 읽고 다음 대화를 완성하십시오.

미나코 : 요즘 일본에서는 젊은이들의 결혼 연령이 점점 높아지고 있어요.

지 영 : 한국도 마찬가지예요. 20대에 결혼하는 사람들은 줄어든 반면

____.

미나코 : 그 이유가 뭘까요?

지 영 : 무엇보다도 ______________________________기 때문이겠지요.

그리고 __________어(아, 여)서 결혼을 늦게 하는 사람 들도 꽤 많은 것 같아요.

2. 여러분 나라의 결혼 연령도 높아지고 있습니까?
그렇다면 그 이유가 무엇이라고 생각합니까? 간단하게 써 보십시오.

Ⅱ. 신문 기사에 자주 나오는 표현을 익힌 후 문장으로 써 보십시오.

1

N 에 의하면 ______________ (ㄴ/는)다고 한다
N 에 따르면

• 회사 관계자의 말에 따르면 곧 신제품이 개발될 것이라고 한다.

가) AP통신 보도 / 곧 두 나라 간의 정상 회담이 열릴 것이다.

→ ____.

나) 정확한 소식통 / 납치범들과의 협상이 시작되었다.

→ ____.

2

N (으)로 인한 ______________
N (으)로 인해

• 집중호우로 인한 재산 피해가 우려된다.

가) 태풍 / 재산 피해가 30억 원을 넘었다.

→ ____.

나) 데모 / 교통이 통제되고 있는 곳이 많다.

→ ____.

3

Vst (으)ㄹ 전망이다
Vst (으)ㄹ 것으로 보인다
Vst (으)ㄹ 것으로 예상된다
Vst (으)ㄹ 것으로 내다보고 있다

• 올 하반기에는 물가가 안정될 전망이다.

가) 이번 경기에서 한국 대표 팀이 승리할 것 같다.

→ ______________________________.

나) 기상청은 주말쯤 평년 기온을 회복할 것이라고 한다.

→ ______________________________.

4

Vst (으)ㄴ/는 것으로 밝혀졌다
Vst (으)ㄴ/는 것으로 드러났다
Vst (으)ㄴ/는 것으로 나타났다
Vst (으)ㄴ/는 것으로 알려졌다

• 미혼 여성들은 배우자의 능력을 중시하는 것으로 나타났다.

가) 범인은 이달 초 미국으로 출국했다.

→ ______________________________.

나) 조사 결과, 사고의 원인은 음주 운전이었다.

→ ______________________________.

다) 한국 대학생들은 취업에 가장 큰 관심을 가지고 있다.

→ ______________________________.

라) 북한은 다른 기업에도 비슷한 제안을 했다.

→ ______________________________.

5 Vst (으)ㄴ/는 반면 __________

• 대형 할인점은 매출이 증가한 반면 재래 시장의 매출은 크게 감소했다.

가) 남학생은 배우자의 외모를 중시하다 / 여학생은 배우자의 능력을 중시한다.

→ ______________________________.

나) 한국인의 해외 여행은 증가했다 / 외국인의 한국 방문은 감소했다.

→ ______________________________.

6 N 이/가 N 을/를 차지했다 / 차지하고 있다

• 춘천을 방문하는 외국인 관광객의 65%는 여성이 차지하고 있다.

가) 금주의 시청률 조사에서 '100분 토론' 이 1위를 했다.

→ ______________________________.

나) 배우자의 외모가 중요하다는 대답이 전체의 32%였다.

→ ______________________________.

Ⅲ.

1. 다음 조사 결과를 보고 대답을 써 봅시다.

〈 배우자를 선택할 때 중요한 조건은? 〉

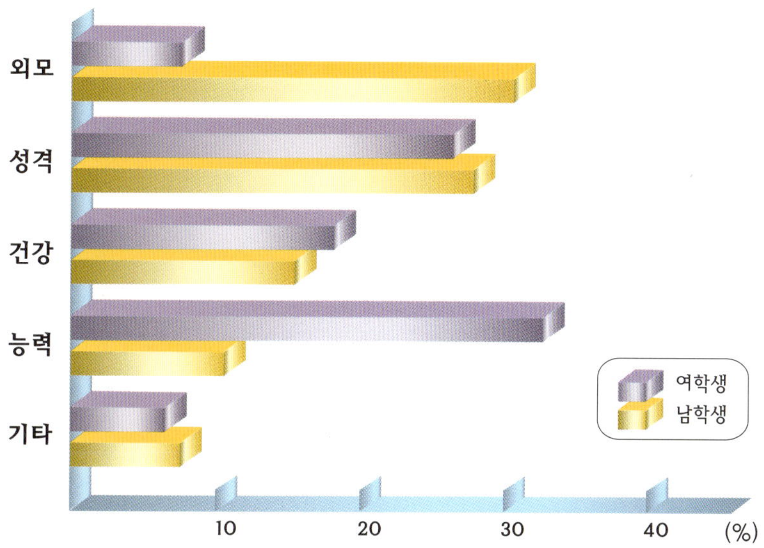

○○대학교 남녀 대학생 500명을 대상으로 조사한 결과임

1) 남학생들은 배우자의 조건으로 무엇을 중요하게 생각합니까?
여학생들은 어떻습니까?

2) 남학생과 여학생이 모두 중요하게 생각한 것은 무엇입니까?

3) 위의 조사 결과를 간단한 신문 기사로 써 봅시다.

______________ 에 의하면 남학생들은 ______________

______________(으)ㄴ/는 반면 여학생들은 ______________

______________(으)ㄴ/는 것으로 나타났다.

그 다음으로는 남녀 학생 모두 ________ 와/과 ________ 이/가 중요하다고 대답해서

각각 2위와 ______________.

2. 여러분 나라나 학교, 가까운 사람의 소식을 전하는 기사를 써 봅시다.

1) 전하고 싶은 내용을 생각한 후 다음 표의 보기 옆에 간단히 적어 보십시오.

기사 제목	GK그룹 취업 설명회	
언제	9월 5일 오후 3시	
어디서	우리 학교 강당에서	
누가(무엇이)	GK그룹 인사부가	
어떻게	5급, 6급 학생들을 대상으로	
왜	해외 인재 채용을 위해서	
무엇을	취업 설명회를 열었다.	

2) 위의 표를 이용해서 기사를 써 보십시오.

보기

GK그룹 취업 설명회

9월 5일 오후 3시 우리 학교 강당에서는 GK그룹 인사부가 주최하는 취업 설명회가 열렸다. 이번 설명회는 한국어 실력을 갖춘 해외 인재들을 채용하기 위해서 마련한 것인데 졸업을 앞둔 5급, 6급 학생들뿐만 아니라 관심 있는 학생들이 몰려 빈 자리가 없을 정도였다. 참석한 학생들은 회사 관계자에게 다양한 질문을 하며 큰 관심을 보였다.

여기서 잠깐!

- 한국 신문의 역사

한성순보 (1883년 창간) 한국 최초의 근대 신문으로 정부 기관인 박문국에서 발행함. 순 한문으로 제작.

독립신문 (1896년 창간) 독립운동가 서재필이 발행한 최초의 민간 신문으로 한글 전용과 띄어쓰기를 함.

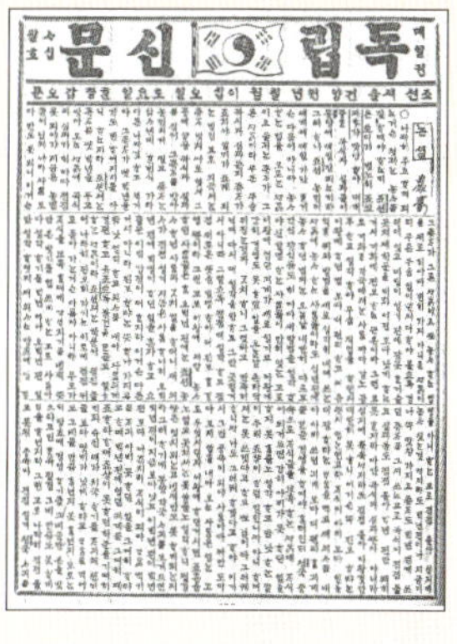
독립신문

한겨레

"잘 만든 쓰레기통이 지구를 살립니다"

8

출산율이 1.16명으로 떨어졌다

|학습 목표| 수치 자료를 제시하여 글 쓰기 **|표 현|** 비교, 수치 자료 표현

I.

가) 통계청은 24일 우리나라 여성의 2004년 합계 출산율이 **1.16명으로 떨어졌다고** 발표했다. 우리나라에서 인구 통계가 도입된 이래 최저 기록이고, 세계, 특히 **다른 OECD 국가들에 비해서도** 최저 수준이다. 합계 출산율은 여성 1명이 일생 동안 낳는 평균 자녀수를 가리킨다. 대체로 평균 출산율이 2.1명 수준은 되어야 현재의 인구 규모를 유지해 갈 수 있다. 따라서 이대로 가면 한국의 인구 감소는 당초 예상했던 2020년 무렵보다 훨씬 앞당겨질 것임이 분명하다.

(2005년 신문 사설)

1. 가) 글을 읽고 답하십시오.

1) 합계 출산율이란 ______________________________.

2) 한국 여성의 2004년 합계 출산율은 ______________________ 명이다.

3) 이 상태로 간다면 한국의 인구 감소는 예상했던 것보다 ______________________

______________________________.

나) 통계청이 발표한 2001년 우리나라의 합계 출산율은 **1.3명으로** 현재의 인구 구조를 유지할 수 있는 대체 출산율인 2.1명에 크게 미달하는 수치를 나타내고 있다. 문제는 출산율 감소 속도도 매우 빠르다는 점이다. 우리나라의 합계 출산율 변동 추이를 보면 1980년 2.83명에서 1990년엔 1.59명, 2000년에는 1.47명, 2001년에는 **1.30명으로** 급격하게 떨어지고 있다. 우리나라의 합계 출산율은 선진 국가들과 비교해 볼 때도 매우 낮은 수준이다. 1999년 OECD국가의 합계 출산율**을 비교해 보면** 한국은 **1.42로** 미국의 2.05, 영국의 1.7, 프랑스 1.77보다도 낮은 수치를 기록했다. 또한 2001년 통계청 발표에 따르면 2000~2005년 우리나라의 합계 출산율은 **1.5명으로** 미국의 1.93, 영국의 1.61, 프랑스의 **1.80보다 낮을 것으로** 예측되고 있다. 이러한 추세로 저출산이 계속된다면 2023년부터 우리나라 인구는 감소할 것으로 예상되고 있다.

(2003년 보고서)

2. 나)글은 2003년 보고서의 일부입니다. 위의 글을 이용하여 표를 완성해 봅시다.

〈표1 : 한국의 합계 출산율 변화〉

년도	1980년	1990년	2000년	2001년	2004년
합계 출산율	2.83명	1.59명			1.16명

〈표2 : 1999년 OECD국가 합계 출산율〉

국가	한국	미국	영국	프랑스
합계 출산율		2.05명		

〈표3 : 2000년-2005년 OECD국가 합계 출산율 예측치〉

국가	한국	미국	영국	프랑스
합계 출산율		1.93명		

3. 위의 글 가), 나)와 〈표1〉, 〈표2〉, 〈표3〉을 참고하여 다음 대화를 완성하십시오.

현정 : 우리나라 합계 출산율이 1980년 2.83명에서 2004년에는 ___________으로 떨어졌대요.

윤주 : 맞아요. 2003년 보고서에 의하면 2023년쯤 인구 감소가 시작될 거래요.

현정 : 그래요? 2005년 자료에서는 2020년이 되기 전에 인구가 줄어들 거래요.

윤주 : 그 정도면 _______________에 비해서도 매우 낮은 수준이라면서요?

현정 : 네, 큰일이에요.

윤주 : 출산율이 낮다는 것도 문제지만 더 큰 문제는 출산율 감소 속도도 매우 빠르다는 데에 있대요.

Ⅱ.

1. 위 글에서 사용된 표현을 익혀 봅시다.

1 N 에 비해서 _______________

- 여성의 수명이 남성의 수명에 비해서 긴 편이다.
- 우리 회사는 월급에 비해서 일이 너무 많고 근무시간도 길다.

1) 다음 문장을 완성하십시오.

가) 김 선생님이 박 선생님보다 ____.

나) 동양 사람이 서양 사람에 비해서 ____________________________________.

다) 뚱뚱한 사람이 마른 사람들에 비해서 __________________________________.

2) 다음 중에서 맞는 것을 고르십시오.

가) 이 가방은 값(보다 / 에 비해서) 질이 별로 좋지 않습니다.

나) 내 동생은 나이(보다 / 에 비해서) 아는 게 많아.

다) 우리 강아지는 먹는 양(보다 / 에 비해서) 살이 안 찌는 편이야.

3) 다음 문장을 완성하십시오.

가) 한국 사람들이 ______________ 에 비해서 ________________________________.

나) 4급 학생들이 ______________ 에 비해서 ________________________________.

다) 여성들이 ______________ 에 비해서 ________________________________.

2. 수치 자료를 나타낼 때 자주 쓰이는 표현을 익힌 후 문장을 완성하십시오.

1 N (으)로 예측되다 / 예상되다

• 2000~2005년 우리나라의 합계 출산율은 1.5명으로 예측되고 있다.

가) 현재의 증가 속도로 보아 2019년에는 65세 이상 인구가 전체 인구의 14.4%에 이를 것으로

____.

나) 2000년 10.1%였던 노년 부양비가 2010년 14.8%, 2020년에는 21.3%, 그리고 2030년에는 35.7%로 증가할 것으로 ________________________________.

2 N (으)로 감소하다 / 줄다 / 떨어지다 / 급감하다

N (으)로 증가하다 / 늘다 / 급증하다

- 우리나라의 합계 출산율 변화를 보면 1980년 2.83명에서 1990년엔 1.59명, 2001년에는 1.30명으로 급격하게 떨어지고 있다.
- 독신 가족의 경우 1970년 3.7%였다가, 1980년 4.8%, 지난 2000년에는 7가구 중 1가구 꼴인 15.5%로 늘었다.

가) 1990년 전체 인구의 5.1%였던 65세 이상 인구가 2000년 7.2% ________________.

나) 여성의 경제 활동 참가율은 1970년에는 37.6%, 1980년에는 42.8%, 1990년에는 47.0%, 2000년에는 48.3% ________________.

다) 일본 여성의 합계 출산율은 1990년 1.54명에서 2003년 1.29명 ________________.

3 N 에 달하다

N 에 불과하다

N 에 미달하다

- 20세 이후에 담배를 피우기 시작한 사람의 폐암 사망률은 담배를 피우지 않는 사람의 9배에 달한다고 한다.
- 인간이 사용할 수 있는 담수는 지구에 있는 물 전체의 0.0075%에 불과하다.
- 2001년 우리나라의 합계 출산율은 1.3명으로 현재의 인구 구조를 유지할 수 있는 대체 출산율인 2.1명에 크게 미달한다.

가) 1999년 우리나라 고학력 여성의 경제 활동 참가율은 54%인 반면 OECD국가 평균은 79%

________________.

나) 한국의 유아교육 가계 부담률은 76.8%인 반면 OECD 국가들의 평균은 17.8% ________________.

Ⅲ. 수치 자료가 담긴 표를 보고 글을 써 봅시다.

1. 다음 글을 완성하십시오.

한국의 출생 성비(여아 100명 출생당 출생하는 남아 수)는 110.2로 프랑스 105.5, ________ ________, ________ ________, 스웨덴 105.7, ________ ________**에 비해서** 특이하게 높은 수치를 보여주고 있다. 자연적인 출생 성비는 103-107이 정상이므로 ________**에 달하는** 우리나라의 출생 성비는 비정상적인 수치라고 볼 수밖에 없다.

〈표〉 출생 성비(여아 100명 출생당 출생하는 남아 수)

	한국	일본	캐나다	스위스	스웨덴	영국	프랑스	호주
년도	2000	1998	1997	1998	1997	1997	1996	1996
비율	110.2	105.4	105.5	105.0	105.7	105.1	105.5	105.9

2. 다음 표를 보고 글을 완성하십시오.

지난 2005년 12월27월 통계청이 발표한 '2005년 인구 · 주택 총조사' 에 의하면 , 우리나라 가족의 가장 큰 변화는 구성원의 수가 급격히 줄었다는 점이다. 지난 60년만 해도 한 가구의 구성원 수는 평균 5.6명으로 부모와 자녀 서너 명이 한 가구를 이룬 것이 일반적이 가족의 모습이었다. 그 뒤 '둘만 낳아 잘 기르자.' 는 정부의 산아 제한 정책이 펼쳐지던 1970년대 중반으로 넘어오면서 가구당 구성원의 수가 급격히 줄기 시작해, ________

____

____

〈표1〉 한 가구의 구성원 수

	1960년	1980년대 초반	1980년대 후반	1990년	2000년	2005년
명	5.6	4.5	4	3.7	3.1	2.9

가족의 형태 역시 다양해졌다. 지난 2003년 말 전국 3,500가구를 대상으로 한 조사에서 핵가족은 전체의 절반인 52.5%밖에 되지 않았다. 나머지는 ____________________

____

____

〈표2〉 2003년 가족의 형태

	핵가족	독신 가족	부부 가족	3세대 가족	한 부모 가족
%	52.5	15.5	15	5.9	3.1

독신 가족의 경우 1970년 3.7%에서 ____________________________

____

____

이는 인구 고령화와 젊은이들의 농촌 이탈로 혼자 사는 독거 노인이 크게 늘어난 데다가 IMF 체제 이후 경기 침체와 고용 불안 등으로 결혼을 미룬 채, '화려한 싱글'의 삶을 선택하는 젊은 세대가 증가한 것이 그 원인이다.

〈표3〉 독신 가족

	1970년	1980년	1990년	1995년	2000년	2005년
%	3.7	4.8	9.0	12.7	15.5	17

9

우산을 가지고 나왔더라면

|학습 목표| 경험담 쓰기 **|표　현|** 후회 표현

I.

얼마 전 대기업 입사 시험을 보는 날이었다.
나는 아침부터 늑장을 부리다가 겨우 집을 나섰다.
그런데 택시를 기다리고 있을 때 굵은 빗방울이 떨어지기 시작했다.
어머니 말씀을 듣지 않고 **우산을 안 가지고 나온 게 후회가 됐다.**

면접 장소에 도착하니 정신이 없고 무척 긴장이 되었다.
면접관들 앞에서 다른 지원자들과 함께 영어로 토론을 한 것이 제일 어려웠다.
대학 때 영어 공부를 열심히 했더라면 자신 있게 말할 수 있었을 것이다.

힘들게 면접을 마치고 길을 걷고 있는데 누군가 뒤에서 나를 불렀다.
대학 3학년 때 나를 짝사랑하던 연주가 멋진 남자와 팔짱을 끼고 서 있었다.
그 때는 연주가 내 이상형이 아니라고 생각했는데 오랜만에 보니 몰라보게 예뻐지고
자신감이 넘쳐 보였다.
'내가 연주의 진심을 받아들였더라면 내 여자 친구가 되어 있을 텐데' 라고 생각하니
속이 상했다.

1. 위 글에서 이 사람은 무엇에 대하여 후회하고 있습니까?
다음 표를 완성하십시오.

잘못한 일	결과
	비를 맞았다.
대학 때 영어 공부를 열심히 안 했다.	
	지금 여자 친구가 없다.

Ⅱ. 위 글에서 사용된 표현을 익혀 봅시다.

1

Vst 었(았,였)더라면 Vst 었(았,였)을 텐데

Vst 었(았,였)을 것이다

- 조금 일찍 출발했더라면 지각하지 않았을 것이다.
- 내일부터 세일이 시작되는 줄 알았더라면 오늘 백화점에 안 갔을 텐데.

1) 다음 문장을 완성하십시오.

가) 교사 : 지난 주에 본 시험 결과가 나쁘군요.

은영 : ____________________었(았, 였)더라면 ______________________었(았, 였)을 텐데.

나) 형 : 네가 어머니 충고를 듣지 않아서 이런 일이 생긴 거야.

동생 : ____________________었(았, 였)더라면 ______________________었(았, 였)을 텐데.

다) 직원 : 죄송해서 어쩌죠? 원하시는 좌석은 매진되었는데요.

손님 : ____.

2) 다음 상황에 맞게 문장을 쓰십시오.

가) 다른 회사로 옮길 기회가 있었는데 망설이다가 기회를 놓쳤다. 요즘 내가 왜 그랬을까 후회하고 있다.

→ ____________________었(았, 였)더라면 ______________________었(았, 였)을 것이다.

나) 어렸을 때 수영을 조금 배우다가 그만 뒀다. 얼마 전에 친구들과 바닷가에 가서 나만 혼자 짐을 지키고 있었다.

→ ____________________었(았, 였)더라면 ______________________었(았, 였)을 것이다.

다) 얼마 전에 여자 친구에게 거짓말을 해서 크게 싸우고 헤어졌다. 솔직하지 못했던 게 너무 후회된다.

→ ____________________었(았, 였)더라면 ______________________었(았, 였)을 것이다.

Ⅲ.

1. 여러분도 후회되는 일이 있습니까? 위에서 익힌 표현을 사용해서 자신의 경험을 간단하게 써 봅시다.

보기

지난 시험 성적이 형편없었다. 평소에 열심히 공부했더라면 그렇게 나쁜 성적을 받지는 않았을 것이다.

2. 다음 중에서 하나를 골라 글을 쓰십시오.

- 끝까지 배웠더라면
- 좀 더 솔직했더라면
- 선택을 잘 했더라면
- 망설이지 않았더라면
- 부모님 말씀을 들었더라면

보기

선택을 잘 했더라면

나는 대학에 입학할 때 문학을 전공으로 선택하고 싶었다.

그런데 내가 변호사가 되기를 원하시는 부모님께서는 법대로 진학할 것을 권하셨다.

많은 고민과 갈등 끝에 결국은 법대로 진학해서 공부하게 되었다.

하지만 공부를 하면 할수록 이 길은 나의 길이 아니라는 생각이 들었다.

내 뜻대로 문학을 전공했더라면 즐겁게 공부할 수 있었을 것이다.

다시 기회가 주어진다면 문학을 선택해서 열심히 공부해 보고 싶다.

나중에 훌륭한 작가가 된다면 부모님도 기뻐하실 것이다.

여기서 잠깐!

- 후회와 관련된 속담

  엎질러진 물이다
  깨진 그릇 이 맞추기
  소 잃고 외양간 고친다

10

창덕궁만큼 아름다운 곳이 없는 것 같다

| 학습 목표 | 여행지 소개하는 글 쓰기　　**| 표　현 |** 나열, 강조 표현

I.

국립중앙박물관

박물관 소장 도자기

박물관 소장 불상

가) 국립중앙박물관에 갔다 왔는데 정말 대단하다. **도자기며 불상이며** 전시품들을 다 구경하려면 11시간 이상이 걸린다.

창덕궁 입구 전경

창덕궁 내 부용지와 부용정

창덕궁 내 전각

나) 경복궁이 좋네 인사동이 좋네 해도 서울에서 **창덕궁만큼 아름다운 곳이 없는 것 같다. 경치며 건물이며** 모두 정말 아름답다.

1. 위 글은 서울에서 다녀온 곳에 대한 글입니다. 다음 표에 내용을 정리하십시오.

	다녀온 곳	느 낌	이 유
가)	국립중앙박물관	대단하다.	• 도자기가 많다. •
나)			• 경치가 아름답다. •

2. 서울에서 가 본 곳 중에서 인상적이었던 곳을 다음 표에 정리하고 간단히 소개하는 글을 쓰십시오. (서울에서 가 본 곳이 없다면 다른 도시, 다른 나라에서 가 본 곳을 쓰십시오.)

1)

다녀온 곳	느 낌	이 유
		• •
		• •

2)

Ⅱ. 위 글에서 사용된 표현을 익혀 봅시다.

1 N (이)며 N (이)며 ________

- 가방 속에 지갑이며 여권이며 다 들어 있다.
- 학생식당에는 비빔밥이며 김치찌개며 싸고 맛있는 음식이 많다.

1) 다음 문장을 완성하십시오.

가) 영수 씨는 ________________(이)며 ________________(이)며 다 잘 한다.

나) 백화점에는 ________________(이)며 ________________(이)며 없는 물건이 없다.

다) 한국말 공부는 ________________(이)며 ________________(이)며 다 어렵습니다.

2) 다음 문장을 완성하십시오.

이태원 근처에는 ____________(이)며 ____________(이)며 여러 나라 식당이 모여 있다. 그래서 주말마다 여러 나라의 음식을 맛볼 수 있기 때문에 좋다. 그리고 이태원에서는 ____________(이)며 ____________(이)며 여러 나라 물건을 살 수 있다. 이태원에는 여러 나라 사람이 살고 있기 때문이다.

3) 위의 2) 글과 같이 어떤 곳을 소개하는 글을 간단히 써 보십시오.

신촌에는 ____

____

____

2 N 만큼 Vst (으)ㄴ/는 N (이)가 없다

- 창덕궁만큼 아름다운 곳이 없다.
- 우리 반에서 나만큼 여행을 많이 다니는 사람이 없다.

1) 다음을 보고 위의 표현을 사용하여 문장을 써 보십시오.

가) 제일 매운 음식	
나) 제일 귀여운 아이	내 동생
다) 제일 열심히 공부하는 학생	

가) ____________________

나) ____________________

다) ____________________

2) 다음 표를 완성하고 위의 표현을 사용하여 문장을 써 보십시오.

가) 산이 제일 아름다운 곳	
나) 서울에서 제일 편리한 교통 수단	
다) 서울 야경이 제일 잘 보이는 곳	

가) ____________________

나) ____________________

다) ____________________

Ⅲ. 위에서 읽힌 표현을 사용해서 추천할 만한 여행지에 대한 글을 쓰십시오.

보기

서울타워

서울타워 안으로 들어가 엘리베이터를 타고 3층에서 내리면 전망대가 있고, 5층에는 고급스러운 레스토랑이 있다. 남산에서 내려다보는 시내 야경도 물론 아름답지만, 낮 시간에 올라가도 각도와 방향에 관계 없이 온 시내를 빙 둘러보면서 구경할 수 있어서 좋다. 63빌딩이며 경복궁이며 아름다운 서울의 명소들이 한눈에 보인다. 서울에서 서울타워만큼 시내가 잘 보이는 곳이 없다. 서울타워에서 나와 조금 걸어 내려가면 식물원과 남산의 역사를 살펴 볼 수 있는 남산 전시관이 있다.

11 돌이란 아기의 첫 번째 생일을 말한다

|학습 목표| 풍습을 소개하는 설명문 쓰기 **|표 현|** 목적, 기원을 나타내는 표현

I.

(가)

(나)

(다)

가) 한국에서는 아기가 태어나면 **아무나 함부로 들어오지 말라고** 대문에 '금줄' 을 걸어 놓는 풍습이 있다. 짚을 꼬아 만든 새끼줄에 소나무 가지와 숯을 끼우고 아들이 태어나면 고추를, 딸이 태어나면 종이를 단다. 예전에는 쉽게 볼 수 있었는데 요즘 대도시에서는 보기 힘든 풍습 가운데 하나이다.

나) 아기의 부모는 아이가 **훌륭한 사람이 되기를 바라면서** 아기에게 제일 좋은 이름을 지어 주려고 한다. 아름다운 이름을 직접 지어 주는 부모들이 있는가 하면 작명소의 도움을 받는 부모들도 많다.

다) **돌이란** 아기의 첫 번째 생일을 말한다. 돌에는 아기가 그동안 건강하게 자란 것을 축하하기 위해서 잔치를 한다. 요즘엔 아기 옷이나 장난감, 현금을 선물로 주기도 하지만 돌 선물로는 역시 금반지가 제일 인기이다.

1. 위 글에서 소개하는 풍습과 그 풍습에 담긴 기원을 찾아 연결하십시오.

가) • • 돌잔치 • • 훌륭한 사람이 되십시오

나) • • 금줄 걸기 • • 함부로 들어오지 마십시오

다) • • 이름 짓기 • • 첫 번째 생일을 축하합니다

Ⅱ. 위 글에서 사용된 표현을 익혀 봅시다.

1 N (이)란 ____________

- 설날이란 새해 첫날, 즉 음력 1월 1일을 말한다.
- 진정한 친구란 기쁨과 슬픔을 함께 나눌 수 있는 사람이다.

1) 다음 문장을 완성하십시오.

가) 외국인 : 집들이가 뭐예요?

한국인 : 집들이란 ____________________________.

나) ____________________(이)란 여자처럼 예쁘게 생긴 남자를 말한다.

다) 삼계탕이란 ____________________________.

2) 다음 표를 완성한 후 문장으로 써 보십시오.

단어	의미(정의)
가) 돌	
나) 환갑 잔치	만 60세 생신을 축하하는 행사를 말한다.
다) 폐백	결혼식 후 시댁 어른들께 처음으로 드리는 인사이다.
라)	

가) 돌이란 ________________________________.

나) 환갑 잔치란 ________________________________.

다) ____________________(이)란 ________________________________.

라) ____________________(이)란 ________________________________.

2 AVst (으)라고 ____________

- 우리 팀이 이기라고 열심히 응원했다.
- 한국에서는 시험에 합격하라고 엿이나 찹쌀떡을 선물한다.

1) 다음 문장을 완성하십시오.

가) 영호 : 선미 씨는 오늘도 약속을 잊어버린 거 아니에요?
지선 : 걱정하지 마세요. ____________________(으)라고 전화했으니까요.

나) 사람 1 : 거기는 위험한 곳이라서 아무나 들어가면 안 되는데……
사람 2 : 그래서 ____________________(으)라고 표지판을 붙여 놓았어요.

다) 친구 생일에 ____________________(으)라고 비타민을 선물했다.

2) 다음 표를 완성한 후 문장으로 써 보십시오. 마지막 칸에는 여러분이 알고 있는 한국 풍습이나 여러분 나라의 풍습을 써 보십시오.

때	기원 내용	풍습
가) 아기의 탄생	아무나 함부로 들어오지 마세요.	대문에 금줄을 건다.
나) 집들이	부자가 되세요.	세제나 초를 선물한다.
다) 입학 시험	시험에 합격하세요.	
라)		

가) 아기가 태어나면 아무나 함부로 들어오지 말라고 대문에 금줄을 건다.

나) 집들이 갈 때는 ________________(으)라고 ________________________________.

다) 입학 시험을 볼 때는 ________________(으)라고 ____________________________.

라) ____________________(으)라고 ____________________________________.

3 AVst 기(를) 바라면서 ________________

- 친구가 도와주기를 바라면서 부탁을 했다.
- 피로연에서는 신랑, 신부가 오랫동안 행복하게 살기를 바라면서 국수를 먹는다.

1) 다음 문장을 완성하십시오.

가) 선수들은 금메달을 따기 바라면서 ________________________________.

나) 하느님께서 소원을 들어 주기 바라면서 ____________________________.

다) ____기 바라면서 열심히 공부했어요.

2) 다음 표를 완성한 후 문장으로 써 보십시오. 마지막 칸에는 여러분이 알고 있는 한국 풍습이나 여러분 나라의 풍습을 써 보십시오.

소망	풍습
가) 아기가 훌륭한 사람이 되었으면 좋겠다.	제일 좋은 이름을 지어 준다.
나)	설날에 세배를 드린다.
다) 1년 내내 병에 걸리지 않았으면 좋겠다.	대보름에 부럼을 먹는다.
라)	

가) 아기가 훌륭한 사람이 되기를 바라면서 제일 좋은 이름을 지어 준다.

나) ______________________________ 기를 바라면서 설날에 세배를 드린다.

다) 대보름에는 ______________________________.

라) ____________________ 기 바라면서 ____________________.

4 AVst 기 위해서 ______________

- 한국 역사를 전공하기 위해서 대학에 입학했다.
- 할아버지의 환갑을 축하하기 위해서 온 가족이 모였다.

1) 다음 문장을 완성하십시오.

가) ______________________________ 기 위해서 저축을 하고 있다.

나) ______________________________ 기 위해서 정상 회담을 개최했다.

다) 좋은 직장에 취직하기 위해서 ______________________________.

2) 다음 표를 완성한 후 문장으로 써 보십시오.

명절이나 기념일 이름	목적	풍습
가) 돌날	아기의 생일을 축하한다.	돌 잔치를 한다.
나) 설날과 추석	차례를 지낸다.	고향에 내려간다.
다) 크리스마스	가까운 사람들에게 사랑을 전한다.	
라)		

가) 돌날에는 아기의 생일을 축하하기 위해서 돌잔치를 한다.

나) 설날과 추석에는 ____________________ 기 위해서 ____________________.

다) 크리스마스에는 ____.

라) ____.

III. 여러분 나라의 풍습을 소개하는 글을 써 봅시다.

1. 아기의 탄생을 전후로 지키는 풍습이 있습니까? 간단하게 소개하십시오.

| 보기 |

베이비 샤워

미국에서는 아기가 태어나기 전에 베이비 샤워를 한다. 베이비 샤워란 건강한 아기가 태어나기를 바라면서 아기 엄마와 가까운 사람들이 모여 아기에게 필요한 물건을 선물하는 작은 파티다.

____

____

____

2. 다음 중에서 하나를 골라 여러분 나라의 풍습을 소개하는 글을 써 보십시오.

- 생일 풍습
- 명절 풍습
- 결혼식 풍습
- 아기가 태어났을 때
- 종교적 의미가 있는 풍습

보기

대보름이란

한국의 명절 중에 정월 대보름은 음력으로 1월 15인데 온 가족이 오곡밥과 나물, 부럼을 나누어 먹고 밤에는 들판에 나가 쥐불놀이를 한다. 오곡밥이란 다섯 가지 곡식으로 만든 밥이고 부럼이란 이 날 먹는 호두나 밤, 땅콩 등의 딱딱한 견과류이다. 한국 사람들은 1년 내내 건강하게 살기를 바라면서 이 음식들을 먹는다. 그리고 쥐불놀이란 농촌에 사는 한국 사람들이 농사에 피해를 주는 쥐들을 쫓아내기 위해서 시작한 것이다. 어떤 곳에서는 나쁜 벌레와 귀신이 물러가라고 들판에 불을 피우기도 한다.

부럼

쥐불놀이

여기서 잠깐!

- 아름다운 한글 이름

한결 – 늘 한결같은 사람이 되라는 뜻
다슬 – 모든 일을 슬기롭게 하라는 뜻
초롱 – 초롱초롱하게, 밝게 살라는 뜻
하나 – 이 세상에 하나밖에 없는 소중한 아이라는 뜻

12

앞 차가 갑자기 서는 바람에 부딪혔다

|학습 목표| 자세하게 설명하는 글 쓰기 **|표 현|** 이유, 원인 표현

I.

가) 비가 오는 날이었다. 내가 운전하던 차가 앞 차에 부딪히는 사고가 있었다. 하지만 양쪽 모두 다친 사람이 없어서 다행이었다.

나) 비가 많이 오는 날이었다. 운전을 하고 있었는데 "쿵" 하는 소리와 함께 내 차가 앞 차를 들이받았다. 앞 차가 **갑자기 서는 바람에** 내 차가 앞 차에 부딪힌 것이다. 차에서 내려 앞 차 운전자에게 "깜빡이도 켜지 않고 갑자기 정지하면 어떻게 해요?"라고 묻자 앞 차 주인은 "길 옆에 주차를 하려고 차를 세웠어요. 앞을 잘 보셔야지요. 혹시 좁은 길에서 너무 속도를 내신 거 아니에요?"라고 했다. 그때 교통경찰이 와서 "두 운전자 모두에게 과실이 있습니다. 비상등도 켜지 않고 갑자기 차를 세운 앞 차 운전자에게도 문제가 있고, 운전하면서 앞 쪽을 주의 깊게 보지 않은 뒤 차 운전자에게도 잘못이 있습니다. **비가 많이 오는 날이니 만큼** 서로 서로 더 조심을 하셨어야지요."라고 말했다. 차를 수리공장에 보내야 하는 게 번거롭기는 했지만 양 쪽 모두 다친 사람이 없는 걸 다행으로 생각하기로 했다.

1. 글 가)와 나)중에서 어느 글이 더 실감나게 느껴집니까? 그리고 그 이유는 무엇입니까?

2. 다음 표에 글 나)의 내용을 정리하십시오.

	추돌 사고의 원인
내 생각	• 앞 차가 깜빡이를 켜지 않고 갑자기 정지했다.
앞 차 운전자의 생각	• 뒤 차가 앞을 잘 보지 않는다. •
교통 경찰의 생각	• •

3. 위 글과 다른 내용으로 표를 정리하고 글 가)를 다시 자세히 꾸며 보십시오.

	사고의 원인
내 생각	• •
앞 차 운전자의 생각	• •
교통 경찰의 생각	• •

____

____

____

____

Ⅱ. 위 글에 사용된 표현을 익혀 봅시다.

1 **AVst 는 바람에** ________

- 휴대폰을 잃어버리는 바람에 전화번호를 알 수가 없었다.
- 버스가 고장 나는 바람에 다른 버스로 갈아타고 오느라고 늦었습니다.

1) 다음 중 맞지 않는 것을 고르십시오. (　　)

① 친구가 늦게 오는 바람에 기차를 놓쳤다.
② 그 사람이 꽃을 사 주는 바람에 기분이 좋았다.
③ 버스가 갑자기 서는 바람에 옆 사람 발을 밟았다.
④ 강원도에 폭설이 내리는 바람에 등산객들의 발이 묶여 있다.

2) 다음 문장을 완성하십시오.

가) 네가 갑자기 나타나는 바람에 ______________________.

나) 어젯밤에 정전이 되는 바람에 ______________________.

다) ______________________는 바람에 가방 속에 있던 화장품이 다 깨졌다.

라) ______________________는 바람에 앞 사람을 밀고 말았다.

2

N (이)니만큼 ________________

Vst (으)니만큼 ________________

- 사랑이 담긴 선물이니만큼 소중히 간직해야지.
- 최선을 다 했으니만큼 좋은 결과가 있을 거라고 본다.

1) 다음 문장을 완성하십시오.

가) 부인 : 이번 모임에 어떤 차림으로 가야 돼요?

남편 : ____________________(으)니만큼 ____________________________________.

나) 손님 : 이 동네 아파트 시세가 어때요?

직원 : ____________________(으)니만큼 ____________________________________.

다) 아버지 : 영수가 시험에 합격할까?

어머니 : ____________________(으)니만큼 ____________________________________.

라) 시 민 : 정부가 환경보호를 위해 개발 사업을 중지시킬까요?

전문가 : ____________________(으)니만큼 ____________________________________.

2) 뭔가 특별하고 중요한 이유를 생각해 본 후 다음 문장을 완성하십시오.

가) ____________________________________(으)니만큼 해외여행은 자제해야 한다.

나) ____________________________________(으)니만큼 꼭 성공할 거라고 믿습니다.

다) ____________________________________(으)니만큼 기름을 아껴 써야죠.

Ⅲ. 다음 그림을 보고 일어난 일을 자세히 꾸며서 써 보십시오.

(1)

(2)

(3)

(4)

(5)

(6)

(1) 두 사람이 숲 속을 걸어가고 있었다.

민호와 영수가 산 속을 걸어가고 있었다. 산 속은 매우 조용했다. 민호가 떨리는 목소리로 영수에게 말했다.

"좀 으스스하다."

"너도 그렇게 느꼈어? 서둘러. 빨리 산 속을 벗어나자."

두 사람은 빨리 걷기 시작했다.

(2) 멀리서 걸어 오는 곰을 보고 두 사람은 도망가기 시작했다.

(3) 한 사람은 나무 위로 올라가고, 한 사람은 땅바닥 위에 엎드렸다.

(4) 곰이 엎드린 사람에게로 다가왔다.

(5) 곰이 뒤돌아서 돌아갔다.

(6) 나무에 올라갔던 사람이 내려와 물었다.

13

운동장 이용에 대해서 건의하고자 합니다

|학습 목표| 건의문 쓰기 **|표 현|** 건의문에 사용되는 표현

I.

저는 인근 지역 주민으로 학교 **운동장 이용에 대해서 건의하고자 합니다**. 지금까지 지역 주민들은 해가 진 후나 휴일에 운동장을 **이용할 수 있었으나** 이번 학기부터는 이용할 수 없게 되었습니다. 주민들이 학교 시설물을 훼손하는 경우가 있기 때문이라고 들었습니다. 하지만 대다수의 주민들은 학교 시설을 깨끗이 이용하려고 노력해 왔고 집 근처에 운동을 할 만한 장소가 없어서 큰 불편을 겪고 있습니다. 갈 곳 없는 주민들을 위해서 주말이나 방학 기간만이라도 운동장을 **개방해 주셨으면 합니다**.

1. 위 글을 쓴 목적은 무엇입니까?

2. 다음 표를 완성하십시오.

건의 사항	현재 문제점	글쓴이가 제시한 해결책
학교 운동장 이용		

Ⅱ. 위 글에서 사용된 표현을 익힙시다.

1 N 에 대해서 / N 에 대한 ______________

- 기숙사 온수 사용 시간에 대해서 건의하고 싶다.
- 신세대들은 취업 문제에 대한 고민이 제일 큰 것 같다.

1) 다음 문장을 완성하십시오.

가) 부하 직원 : ______________________________ 에 대해서 사과드리고 싶습니다.

상사 : 그 정도 실수는 누구나 하는 것 아닌가요? 괜찮습니다.

나) 졸업 논문은 ______________________________ 에 대해서 쓰고 싶다.

다) 나는 한국의 역사는 잘 모르지만 ______________________________ 에 대해서는 누구보다도 잘 알고 있다.

2) 여러분이 건의하고 싶은 것을 찾아 위의 표현으로 문장을 써 보십시오.

보기

저는 학생 식당 메뉴에 대해서 건의하고 싶습니다.

저는 ____.

2

AVst 고자 하다

AVst 고자 ____________

- 새내기들의 입학을 축하하고자 환영회를 준비했다.
- 이번 회의에서는 환경 오염에 대해서 토론하고자 합니다.

1) 다음 문장을 완성하십시오.

가) 교수 : 자네, 오래간만이군. 웬일인가?

학생 : ________________________________ 고자 찾아뵙게 되었습니다.

나) 다음 회의에서는 ______________ 에 대해서 ______________ 고자 한다.

다) ________________________________ 고자 한국 대학원에 진학했다.

2) 다음 표를 완성한 후 문장으로 써 보십시오.

의도	행동
가) 학생 식당 메뉴를 개선하려고 한다.	학생들의 의견을 듣고 있다.
나)	추천서를 받았다.
다) 신문 기사의 내용을 지적하려고 한다.	신문사에 투고했다.
라)	

가) ________________________________ 고자 학생들의 의견을 듣고 있다.

나) ________________________________ 고자 추천서를 받았다.

다) ______________ 고자 ______________.

라) ________________________________.

3

Vst (으)나 ________________

Vst 었(았,였)으나 ________________

- 그 작가는 재능은 있으나 운이 따르지 않는다.
- 여러 번 건의했으나 아무런 답변도 듣지 못했다.

1) 위의 표현을 사용해서 다음 문장을 바꿔 쓰거나 완성하십시오.

가) 맞춤법과 띄어쓰기는 정확하지만 내용이 엉성하다.

→ ____.

나) 완벽하지는 않지만 최선을 다했으니 만족한다.

→ ____.

다) 20세기 초까지는 부유한 나라였으나 ________________________.

2) 다음 표를 완성한 후 문장으로 써 보십시오.

가) 품질은 우수하다.	가격이 너무 비싸다.
나)	교통이 불편하다.
다) 해결책을 찾고 있다.	
라)	

가) 품질은 우수하나 ________________________.

나) ________________________(으)나 교통이 불편하다.

다) 해결책을 찾고 있으나 ________________________.

라) ____.

4 AVst 었(았,였)으면 하다

- 이 문제가 빨리 해결되었으면 한다.
- 우리 하숙집에도 에어컨이 있었으면 합니다.

1) 다음 문장을 완성하십시오.

가) 학생 식당 메뉴가 ______________________________ 었(았, 였)으면 한다.

나) 노사 문제가 빨리 ______________________________ 었(았, 였)으면 합니다.

다) 어휘 실력이 ______________________________ 었(았, 였)으면 좋겠다.

2) 위의 표현으로 건의문에 필요한 희망 사항을 써 보십시오.

보기

우리 기숙사에도 에어컨이 있었으면 합니다. 그래서 무더운 여름날에도 불편 없이 공부할 수 있었으면 좋겠습니다.

가) 공원에 화장실이 모자라서 줄을 길게 서는 경우

______________________________.

나) 지하철 안내 방송에 외국어 안내가 없어서 불편한 경우

______________________________.

다) 제품 사용 설명서가 자세하지 않아서 사용하는 데 어려움이 많은 경우

______________________________.

III. 여러분이 건의하고자 하는 것에 대해서 써 봅시다.

1. 현재 어떤 문제가 있으며 해결 방법은 무엇인지 다음 표에 정리해 봅시다.

건의 사항	문제점	해결책
<보기> 도서관 이용	• 너무 일찍 문을 닫는다. • 화장실에서 담배를 피우는 학생이 많다.	• 한 시간 연장 • 흡연실 설치

2. 위의 표를 참고하여 건의문을 써 봅시다.

| 보기 |

도서관 이용에 대해서 건의합니다

저는 한국말을 배우러 온 베트남 유학생 누옌입니다. 날마다 학교 도서관에서 한국말을 공부하면서 몇 가지 불편한 점을 느껴 건의드리고자 합니다. 우선 도서관 문 닫는 시간을 연장해 주셨으면 합니다. 방학 중에는 오후 9시에 문을 닫고 있으나 너무 이르다는 생각을 많이 합니다. 방학 중에도 고향에 돌아가지 않고 열심히 공부하는 학생이 많습니다. 한 시간 연장하여 10시까지는 공부할 수 있도록 해 주십시오. 그리고 도서관 안에 흡연실이 있었으면 합니다. 담배를 피우는 학생들이 화장실에서 담배를 피우는 경우가 많기 때문입니다. 화장실에 꽁초가 쌓이고 냄새가 빠지지 않아 매우 불쾌합니다. 이 두 가지 문제만 해결된다면 우리 학교 도서관은 이 세상에서 가장 훌륭한 도서관이 될 겁니다.

3. 옆 친구와 바꿔 읽은 후 친구의 글을 평가해 봅시다.

   1) 건의문에 사용된 표현이 정확하고 자연스럽습니까?

   2) 건의하려는 내용과 해결책이 구체적으로 잘 드러났습니까?

   3) 글을 쓴 친구에게 충고하고 싶은 것이 있으면 알려 주십시오.

여기서 잠깐!

- 한국의 식당에서 자주 볼 수 있는 맞춤법 실수

  떡볶기 (×) → 떡볶이 (O)
  육계장 (×) → 육개장 (O)
  김치찌게 (×) → 김치찌개 (O)

14

몇 시간이 지나자 부산에 도착했다

|학습 목표| 요약하는 글 쓰기　　　**|표　현|** 연결, 이유 표현

I.

아내가 새벽부터 나를 깨웠다. 나는 아내가 준비해 준 아침밥을 먹었다. 그리고 아침 일찍 서울역에 갔다. 매표소에서 기차표를 샀다. 시간이 남아 신문을 사서 읽었다. **기차표 확인이 시작되자**, 사람들이 우르르 몰려들었다. 아직도 질서 의식이 없는 것 같았다. 나는 기차표를 확인받고 기차에 올라 지정된 자리에 앉았다. 일찍 일어나서 그런지 무척 졸렸다. 깜빡 잠이 들었나 싶었는데 눈을 떠 보니 대전이었다. 그리고 **몇 시간이 지나자** 부산에 도착했다.

1. 위 글을 읽고 중심 내용을 찾아 요약해 보십시오.

나는 ______________________

____

____

2. 위에서 요약한 글을 20자 이내로 줄여 다시 써 보십시오.

____

____

2. 다음 글은 기상 관측 방법의 변천에 관한 글입니다. 요약해 보십시오.

옛날 사람들은 하늘에 나타나는 여러 가지 기상 현상을 알아 낼 수 있는 **관측기가 없었으므로**, 눈과 같은 감각 기관을 이용해 그 날의 날씨를 예측하였다. 그리고 날씨에 관한 오랜 경험을 바탕으로 내일의 날씨를 예측하기도 하였는데 이 때 나온 것이 일기 속담이다.

자연 현상이나 동물과 관련 있는 일기 속담을 살펴보면, "풀에 이슬이 맺히면 날씨가 좋고, 오후가 되어도 마르지 않으면 다음 날 비가 온다.", "개미가 이사하면 비가 온다.", "뱀이 산으로 올라가면 장마진다." 등이 있다.

17세기 중엽에 갈릴레이가 온도계를 발명함에 따라 관측기를 이용해 날씨를 예측하는 관측 시대가 시작되었다. 관측 시대에는 기압계, 풍향계, 풍속계, 일사계, 습도계 등 대기 상태를 관측하는 여러 가지 기상 관측기가 발명되어 기상을 예측하는데 널리 이용되었다.

오늘날에는 기상 위성에 의한 관측 시대가 열리게 되었다. 위성을 이용한 예측은 그 정확도를 크게 향상시킬 수 있다. 그리고 최근에는 슈퍼컴퓨터를 이용하여 더욱 신속하고 정확하게 기상을 예측할 수 있게 되었다.

1) 중심 내용을 찾아 다음 표에 정리하십시오.

	중심 내용
옛날	눈과 같은 감각 기관을 이용해 날씨를 파악하였다.
갈릴레이 이후	
오늘날	

2) 위의 1)에서 정리한 내용을 바탕으로 요약문을 써 보십시오.

옛날 사람들은 ____.

그런데 갈릴레이가 온도계를 발명한 이후 ______________________. 그리고 오늘

날에는 ____.

Ⅱ. 위 글에서 사용된 표현을 익혀 봅시다.

1 AVst 자 ______________

- 방문을 열자 방 안으로 찬 바람이 몰려들어 왔다.
- 해가 떠오르자 사람들의 입에서는 탄성이 흘러 나왔다.

1) 주어진 상황 다음에 어떤 상황이 이어질 수 있는지 생각하고 문장을 완성하십시오.

가) 해가 떠오르자 ____.

나) 어머니가 나가시자 ____.

다) 소녀가 연주를 시작하자 ____.

라) 영수에게 부모님 안부를 묻자 ____.

마) 씨름 선수 3명이 엘리베이터를 타자 ____.

2) 다음 중 맞지 않는 것을 고르십시오. (   )

① 까마귀 날자 배 떨어진다.
② 산 정상에 오르자 기분이 좋다.
③ 전원 합격 소식이 전해지자 다들 기쁨의 환호성을 질렀다.
④ 축구경기가 시작되자 모두 텔레비전 앞으로 몰려들었다.

2

Vst (으)므로 ________________

Vst 었(았,였)으므로 ________________

- 성적이 우수하므로 이 상장을 드립니다.
- 신호를 어겼으므로 벌금을 내셔야 합니다.

1) 다음 상장을 완성하십시오.

상 장	상 장
왕 연	________
위 사람은 이번 학기에 한국어 실력이 향상되었으므로 이 상장을 드립니다.	위 사람은 ________________ ______(으)므로 이 상장을 드립니다.
2009년 2월 10일	____년 __월 __일
○○대학교 한국어학당	________________

상 장
______
위 사람은 ______________
______(으)므로 이 상장을 드립니다.
____년 __월 __일
____

상 장
______
위 사람은 ______________
______(으)므로 이 상장을 드립니다.
____년 __월 __일
____

2) 다음 신고서를 완성하십시오.

신 고 서
1월 5일 오후 4시쯤 지하철 2호선 신촌역에서 소매치기를 당했으므로 신고합니다.
2009년 1월 6일
신고자 : 박 주 영

신 고 서
____
____
____년 __월 __일
신고자 : ____________

Ⅲ. 요약문을 써 봅시다.

1. 다음 글에서 중심 내용은 남기고 나머지 부분은 지운 후 요약문을 써 봅시다.

가) 인간을 냉동시켰다가 ~~먼 훗날 다시 눈을 뜨게 만든다거나, 매우 오랫동안 우주 여행을 할 때는 승무원을 차례대로 냉동시켰다가 시간이 되~~면 다시 살려 낸다는 이야기가 있습니다. ~~그런데 1962년 알프스 산 속에서~~ 마틴 웨르즈라는 사람은 눈사태를 만나 실종되었습니다. 그 후 그는 해빙될 때 발견되었는데, ~~그 때까지도 멀쩡하게 살아 있었다고 합니다. 그게 가능한 일일까요? 사실 이 문제는 가능하지 않다고 하는 것이 정답입니다. 눈속에 파묻혀 수 개월 후에 발견된 사람이 어떻게 살아 있을 수 있단 말입니까? 그러나 그는 분명 죽지 않았습니다. 의사협회에서는 그의 체내에서~~ 혈액을 ~~꺼내 따뜻하~~게 가열한 뒤 다시 체내에 주입한 결과 그의 모든 기능은 정상으로 되돌아온 것입니다. 그러나 의식마저 돌아온 것은 아니었습니다.

인간을 냉동시켰다가 다시 살려내는 이야기가 있는데,

나) '발렌타인 데이' 의 기원은 어디쯤일까?

로마시대 이탈리아 중부 테르니 출신의 처녀 세라피아와 로마 병사 사피노는 사랑에 빠졌습니다. 그리스도교를 금지하는 로마의 지배하에서 그리스도교 신도인 세라피아와의 사랑은 허락되지 않았습니다. 하지만 주위의 반대 속에서도 두 사람을 사랑을 맺어 준 사람은 테르니의 사제 발렌티노였습니다.

그런데 발렌티노는 이 두 사람 외에도 많은 연인을 짝지어 주어 '사랑의 수호신' 으로 불리었습니다. 기독교 탄압을 계속하던 로마에서는 270년 2월 14일에 금기를 어긴 사랑의 신자들을 모두 처형해 버렸습니다. 이 날이 '발렌타인 데이' 가 된 것입니다.

발렌타인 데이의 기원은 ____________________

____

____

____

2. 다음 글을 읽고 요약문을 쓰십시오.

가) 지구상에 살고 있는 포유동물 중 가장 큰 덩치를 가지고 있는 코끼리가 먹는 양은 어마어마하다. 주로 나뭇잎, 풀, 과일을 먹이로 하는 순수 초식 동물인 코끼리는 5톤이 넘는 거대한 체중을 유지하기 위해서는 하루 18시간씩 쉬지 않고 먹어대야 하는데, 하루에 45킬로그램이 넘는 풀이나 엄청난 양의 과일과 채소를 먹어치운다고 한다.

나) 책을 읽는 것은 친구를 사귀는 것과 같다. 되도록 여러 방면에 있는 많은 친구를 사귀어야 하듯이 독서도 다방면의 책들을 많이 읽을수록 좋다. 또 나쁜 친구는 사귀지 말고 좋은 친구를 사귀어야 하듯이 좋은 책을 택해서 읽어야 한다. 폭 넓은 교제에만 신경 쓰느라 깊이 있는 사귐을 무시하면 안 되듯이 책을 읽을 때도 많이 읽는데 급급하여 정독을 하지 않으면 아무 소용이 없다. 한 친구 한 친구를 다 소중하게 여겨야 하듯이 한 권의 책도 소홀히 읽어선 안 된다.

15

호랑이는 혼이 나고 말았다

|학습 목표| 이야기 쓰기 **|표 현|** 결과를 나타내는 표현

I.

한국의 옛날 이야기에는 호랑이와 토끼가 자주 등장한다. "옛날, 호랑이가 담배 피우던 시절에…"라고 시작되는 이야기도 많다.

옛날에는 호랑이가 먹이를 찾아 마을로 내려오는 일이 자주 있어 한국 사람들에게 호랑이는 가까우면서도 두려운 존재였다. 그런데 무섭고 힘 센 호랑이가 이야기에서는 어리석은 동물로 등장해 마지막에는 **혼이 나고 만다**. 반면 작고 힘이 약한 토끼는 대개 영리한 주인공으로 등장하는 것이 재미있다.

1. 위 글을 읽고 다음 표에 내용을 정리하십시오.

동물 이름	실제 모습	이야기 속의 모습
호랑이		
토끼		

2. 여러분 나라의 옛날 이야기에는 어떤 동물이 많이 등장합니까? 그 이유가 뭐라고 생각합니까?

Ⅱ. 위 글에서 사용된 표현을 익혀 봅시다.

1 AVst 고 말다

- 너무 화가 나서 친구에게 소리를 지르고 말았다.
- 한 달 이상 도망을 다니던 범인이 드디어 잡히고 말았다.

1) 다음 문장을 완성하십시오.

가) 진수 : 두 사람이 이제 화해하고 잘 지내나요?

서연 : 웬걸요. 친구들도 화해시키려고 노력했지만 결국 ________________ 고 말았어요.

나) 누나 : 너 어젯밤에 시험 공부를 하나도 안 했구나.

동생 : 커피도 여러 잔 마시면서 애썼지만 그만 ________________ 고 말았어.

다) 엄마 : 달리기 시합 잘 했니?

아들 : 옆에서 달리던 친구하고 부딪쳐서 ________________ 고 말았어요.

2) 다음 표를 보고 문장으로 써 봅시다. 마지막 칸에는 여러분이 알고 있는 이야기에 대해서 써 보십시오.

이야기 제목	주인공	결과
가) 토끼와 거북	토끼	낮잠을 자다가 경주에 졌다.
나) 인어 공주	인어 공주	아름다운 목소리를 잃었다.
다) 로미오와 줄리엣	로미오와 줄리엣	
라)		

가) 토끼는 ________________________________ 고 말았다.

나) 인어 공주는 ______________________________ 고 말았다.

다) 로미오와 줄리엣은 결국 ______________________________ 고 말았다.

라) ______________________________ 고 말았다.

Ⅲ.

1. 다음은 '토끼의 재판' 이라는 한국의 옛날 이야기입니다.

1) 그림을 보고 주어진 단어를 사용하여 이야기를 완성하십시오.

나그네, 함정에 빠지다, 애원하다, 밧줄, 구하다, 잡아먹다, 베다, 일을 시키다

가) 옛날 옛적에 한 나그네가 깊은 산 속을 혼자 걷고 있었습니다.

나) 그런데 어디선가 ______________________________.

나그네가 가까이 가 보니 ______________________________.

다) 호랑이는 나그네에게 ______________________________.

라) 나그네는 망설이다가 ______________________________.

마) 함정에서 빠져나온 호랑이는 함정을 파 놓은 인간은 모두 나쁘다면서 ______________

______________________________.

당황한 나그네는 호랑이에게 ______________________________.

그리고 다른 동물들에게 재판을 부탁하자고 했습니다.

바) 먼저 근처에 있던 소나무에게 물어보았는데 소나무는 ______________

______________________________.

사) 다음에는 길을 지나던 황소에게 재판을 부탁했는데 황소는 ______________

______________________________.

아) 호랑이가 나그네를 잡아먹으려고 했을 때 나그네는 마지막으로 한 번만 더 다른 동물에게 물어보자고 했습니다.

자) 그 때 마침 토끼 한 마리가 다가오고 있었습니다.

나그네는 토끼에게 ______________________________.

2) 위의 이야기에서 토끼는 나그네 편이 되어 주었을까요? 호랑이 편이 되어 주었을까요? 왜 그렇게 생각하십니까?

3) 여러분이 이야기의 마지막 부분을 완성해 보십시오.

토끼는 나그네의 이야기를 듣고 ______________________________

____

____.

그래서 결국 ____________ 은/는 ________________ 고 말았습니다.

2. 그림을 보고 주어진 단어를 사용하여 이야기를 완성하십시오.

데이트, 기대에 부풀다, 연예인, 졸다

가) ______________________________

______________________________.

나) ______________________________

______________________________.

다) ______________________________

______________________________.

라) ______________________________

______________________________.

3. 다음 그림은 서로 다른 두 이야기의 시작입니다. 다음 그림 중에서 하나를 골라 재미있는 이야기를 만들어 봅시다.

〈그림 1〉

〈그림 2〉

1) 학생 3-4명이 모여 한 팀을 만드십시오.
그리고 어떤 이야기로 꾸밀지 같이 이야기한 후 다음을 완성하십시오.

주인공 이름	주인공의 직업	주인공의 성격

이야기의 배경

이야기의 줄거리

이야기의 결말

2) 종이를 한 장 준비한 후 위에서 준비한 내용으로 이야기를 써 봅시다.
순서를 정해서 차례대로 돌아가면서 쓰십시오.

그림 1의 보기

학생 1 : 어느 늦은 가을 밤, 사무실 창 밖으로 비가 주룩주룩 내리고 있었습 니다.

학생 2 : 우진 씨는 그 날도 늦게까지 일을 하다가 쓸쓸한 표정으로 창 밖을 내다보았습니다.

학생 3 : 집으로 가려고 가방을 챙기고 있는데 휴대폰 벨이 울렸습니다.

학생 1 : 낯선 전화번호가 뜨는 것을 보고 잘못 걸려 온 전화일 거라고 생각 했습니다.

학생 2 : 그런데 전화를 받아보니 뜻밖에도 2년 전에 헤어진 여자 친구였습니다.

학생 3 : 우진 씨는 너무 놀라서 자기도 모르게 전화를 끊고 말았습니다.

(이하 생략)

3) 이야기를 다 쓴 후 다음 사항을 확인합시다.

- 처음에 생각한 대로 이야기가 잘 만들어졌습니까?
  어색한 부분이 있다면 같이 다듬어 봅시다.
- 선생님께 문법, 맞춤법 등을 수정받은 후, 자기 팀에서 쓴 이야기를 다른 친구들에게 읽어 주십시오.

여기서 잠깐!

- 호랑이가 등장하는 한국의 옛날 이야기들

  호랑이와 곶감, 효성 깊은 호랑이, 팥죽 할멈과 호랑이, 금강산 호랑이,
  해와 달이 된 오누이, 꼬리 빠진 호랑이, 호랑이를 골려준 토끼,
  호랑이 눈썹이 빠진 이유 등

16

내 마음은 호수요

|학습 목표| 삼행시, 모방시 쓰기　　**|표　현|** 비유, 동시 나열 표현

I.

시험은 거울이에요.
열심히 공부하면 좋은 결과가 보이고
공부를 안 하면 나쁜 결과가 보이거든요.

1. 위의 글과 같이 한 대상을 다른 대상에 비유해서 표현하고 또 그렇게 표현한 이유를 써 봅시다.

   1) 텔레비전은 ______________ (이)에요/예요.

   ____

   ____거든요.

   2) 사랑은 ______________ (이)에요/예요.

   ____

   ____거든요.

   3) 건강은 ______________ (이)에요/예요.

   ____

   ____거든요.

   4) 돈은 ______________ (이)에요/예요.

   ____

   ____거든요.

5) 행복은 ______________(이)에요/예요.

____

____거든요.

6) 컴퓨터는 ______________(이)에요/예요.

____

____거든요.

7) 책은 ______________(이)에요/예요.

____

____거든요.

2. 다음은 시 '내 마음은' 입니다. 시의 내용을 다음 표에 정리하십시오.

내 마음은

김동명

내 마음은 호수요,
그대 노 저어 오오.
나는 그대의 흰 그림자를 안고, 옥같이
그대의 뱃전에 부서지리라.

내 마음은 촛불이요,
그대 저 문을 닫아 주오.
나는 그대의 비단 옷자락에 **떨며**, 고요히
최후의 한 방울도 남김없이 타오리다.

(… 이하 생략 …)

	비유 대상	그대에게 바라는 것	나의 의지
내 마음	호수	노 저어 오세요.	나는 그대의 흰 그림자를 안고 옥같이 그대의 뱃전에 부서지겠어요.

Ⅱ. 위 글에서 사용된 표현을 익혀 봅시다.

1 Vst (으)며 ______________

- 음악을 들으며 운전을 해야 마음이 편안하다.
- 아이를 키우며 직장생활을 하기란 여간 어려운 일이 아니다.

1) 다음 문장을 완성하십시오.

가) 말할 때는 ______________________________(으)며 말해야 해요.

나) 뮤지컬 배우들은 노래하며 ______________________________.

다) 나는 문을 열며 ______________________________.

라) 야간 대학에는 일하며 ______________________________.

2) 다음 중 맞지 않는 것을 고르십시오. (　　)

① 아침마다 운전하며 빵을 먹는다.
② 나는 피아노를 치며 동생은 노래를 했다.
③ 나는 아침 식사를 하며 신문을 본다.
④ 졸며 들은 수업은 기억이 안 나는 게 당연하지.

Ⅲ. 시를 지어 봅시다.

1. 다음 단어의 의미나 느낌을 떠올려 보고 이행시와 삼행시를 지어 봅시다.

1) 공 : 공부하려고 마음 먹었으니

책 : 책을 열심히 읽어야지

2) 사 :

진 :

3) 장 :

미 :

꽃 :

4) 내 :

마 :

음 :

2. 다음 표에 자신의 생각을 정리한 후 모방시를 지어 봅시다.

	비유 대상	그대에게 바라는 것	나의 의지
내 마음			

내 마음은

____

내 마음은 ______________요,

______________오.

____

______________리라.

내 마음은 ______________요,

______________오.

____

______________리라.

내 마음은 ______________요,

______________오.

____

______________리라.

내 마음은 ______________요,

______________오.

____

______________리라.

17 연기를 잘 하기로는 그 배우를 따를 사람이 없다

| 학습 목표 | 영화 감상문 쓰기 **| 표 현 |** 강조 표현

I.

나는 영화를 좋아한다. 즐길 거리가 다양한 세상이지만 **내가 자주 가는** 곳은 역시 극장이다. 나는 모든 장르의 영화를 즐겨 보는데 지금까지 본 영화 중에서 제일 **인상적인** 영화는 '미션' 이었다. 이 영화는 감동적일 뿐만 아니라 재미도 있어서 영화를 보는 동안 시간 가는 줄 모르고 보았던 영화이다. 종교적인 내용을 소재로 하고 있지만 누구에게나 추천할 만하다. 특히 주인공으로 나온 로버트 드니로만큼 멋진 배우는 없는 것 같다. 젊고 잘 생긴 배우들도 많지만 **그 사람만큼 연기를 잘 하는 배우가 없다**고 생각한다. 요즘엔 직장 일이 바빠 영화 볼 시간 내기도 **아주 힘들다**. 하지만 로버트 드니로가 나오는 영화라면 나는 **반드시** 보러 간다.

1. 위 글의 굵은 글씨 부분을 다음 표현을 이용해서 바꿔 써 보십시오.

| 보기 |

기억에 남다, 무슨 일이 있어도, 발길이 자주 닿다,

여간 _____(으)ㄴ/는 일이 아니다.

_____기로는 _____을/를 따를 _____이/가 없다.

1) 내가 자주 가는 →

2) 인상적인 →

3) 그 사람만큼 연기를 잘 하는 배우가 없다 →

4) 아주 힘들다 →

5) 반드시 →

Ⅱ. 위 글에서 사용된 표현을 익혀 봅시다.

1 여간 DVst (으)ㄴ 일이 아니다.

- 불경기에 직장을 구하기가 여간 어려운 일이 아니다.
- 날마다 꼬박꼬박 약을 챙겨 먹기란 여간 귀찮은 일이 아니다.

1) 다음 문장을 완성하십시오.

가) 출근 시간에 택시를 잡기가 너무 힘들어요.

→ 출근 시간에 ______________________________.

나) 사랑하는 사람과 이별하는 건 너무 슬픈 일이다.

→ ______________________________.

다) ______________________________기란 여간 불편한 일이 아니다.

2) 위의 표현을 사용해서 다음 글을 다시 써 보십시오.

> 오늘 여자 친구와 '매트릭스'를 봤다. **주말이라서 표를 구하기가 아주 힘들었다.** 키아누 리브스는 내가 제일 좋아하는 배우다. **배우로서 그의 단점을 찾기는 정말 어렵다.** 이 영화에서도 주인공 역할이 참 잘 어울렸다. **액션 장면 촬영은 매우 위험한 일이다.** 하지만 그는 그런 장면도 멋지게 소화해 냈다.

____

____

____

2 Vst 기로는 N 을/를 따를 N 이/가 없다

- 한국말 잘 하기로는 율리아 씨를 따를 학생이 없어요.
- 재미있기로는 피터 잭슨 감독의 작품을 따를 영화가 없다.

1) 다음 문장을 완성하십시오.

가) 경치가 아름답기로는 ________________ 을/를 따를 곳이 없다.

나) ________________ 기로는 우리 어머니를 따를 사람이 없다.

다) ________________ 기로는 한국어를 따를 언어가 없다.

2) 지금까지 본 영화를 떠올리면서 다음 표를 완성한 후 문장으로 써 봅시다.

가) 가장 슬펐던 영화	
나) 가장 무서웠던 영화	
다) 가장 연기를 잘 하는 배우	

가) ________________ 기로는 ________________ 을/를 따를 영화가 없다.

나) ________________ 기로는 ________________ 을/를 따를 영화가 없다.

다) ____.

Ⅲ.

1. 다음 질문에 간단하게 답을 써 보십시오.

   1) – 최근에 본 영화의 제목은 무엇입니까?

   – 왜 그 영화를 선택했습니까?

   – 그 영화를 다른 사람들에게 추천하고 싶습니까?
   그렇다면 그 이유가 무엇입니까? (아니라면 그 이유가 무엇입니까?)

   2) 위에서 답한 내용으로 간단한 문장을 써 봅시다.

   최근에 내가 본 영화는 ______________인데 ________________어(아, 여)서 보게 되었다. 나는 이 영화를 다른 사람들에게 _________________고 싶다. _________________기 때문이다.

태극기 휘날리며

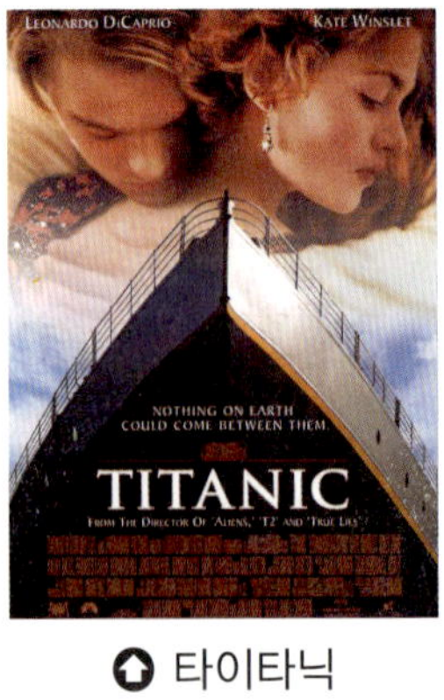

타이타닉

엽기적인 그녀

매트릭스 3

2. 다음 표를 완성하십시오.

	영화 제목	주인공 (주연 배우)	소재 및 배경	인상적인 장면이나 대사
가장 감동적이었던 영화	<보기>타이타닉	레오나르도 디카프리오, 케이트 윈슬렛	1912년 타이타닉호 침몰 사건	남녀 주인공이 뱃머리에 선 장면
가장 많이 웃었던 영화				
가장 무서웠던 영화				

3. 위의 표에 적은 영화 가운데 하나를 골라 다음에 주어진 어휘를 참고하여 영화 감상문을 완성하십시오.

▶ 감독, 원작, 소재, 배경, 줄거리, 장면, 대사, 주제가, 특수 효과

▶ 코미디, 멜로 드라마, 공포 영화, 액션 영화, 공상 과학 영화, 첩보 영화

▶ 손에 땀이 나다, 아슬아슬하다, 가슴이 찡하다, 눈물이 앞을 가리다, 콧등이 시큰해지다, 무시무시하다, 잔인하다, 충격적이다, 배꼽이 빠지도록 웃다, 감동적이다

보기

타이타닉을 보고 나서

내가 지금까지 본 영화 중에서 가장 감동적이었던 영화는 "타이타닉"이다.

이 영화는 대학에 입학한 후 친해진 동아리 친구와 함께 보았는데 영화를 보기 전에는 그다지 큰 기대를 하지 않았었다. 그 전에도 영화로 만들어진 소재이고 주연을 맡은 남자 배우인 레오나르도 디카프리오를 별로 좋아하지 않았기 때문이다. 하지만 감독은 실제 사건과 주인공들의 사랑 이야기를 결합시켜 훌륭한 작품을 만들어냈고 주연 배우들은 신분을 초월한 사랑을 아름답게 잘 표현했다. 특히 남녀 주인공이 두 팔을 벌리고 뱃머리에 선 장면은 지금도 잊혀지지 않는다. 그리고 배가 빙산에 부딪힌 후 침몰하는 장면은 손에 땀이 날 정도로 실감났다. 그런 장면을 촬영하기가 여간 힘든 일이 아니었을 텐데 특수 효과가 대단했다.

그리고 이처럼 감동적인 영화의 분위기를 더욱 살려 준 것이 바로 주제가이다. 캐나다의 유명한 가수 셀린 디옹이 부른 주제가는 들을 때마다 영화의 명장면들을 떠올리게 하는 힘을 지니고 있다. 가창력이 좋기로는 셀린 디옹을 따를 가수가 없는 것 같다.

깊어가는 이 가을, 아직도 이 영화를 보지 못한 사람들이 있다면 꼭 한번 보라고 권하고 싶다.

4. 감상문을 완성한 후 옆의 친구와 서로 바꿔 읽고 상대방이 본 영화에 대해 궁금한 점을 질문하십시오.

여기서 잠깐!

- 한국인이 사랑하는 최고의 영화 속 커플은 누구일까?
  '엽기적인 그녀' 의 차태현과 전지현
- 한국인이 사랑하는 최고의 영화 주제가는 무엇일까?
  '타이타닉' 의 주제가
- 한국인이 사랑하는 최고의 영화 속 명대사는 무엇일까?
  영화 '마라톤' 중 "초원이 다리는 백만 불짜리 다리!"

– 2005년 MBC TV 〈출발! 비디오 여행〉 조사

18

운동을 한다 한다 하는 것이 못 하고 있다

|학습 목표| 주제에 대해 글 쓰기　　**|표　현|** 경고, 과거 회상 표현

I.

전에는 아침에 일어나는 게 거뜬했는데 요즘은 몸이 예전 같지 않다. 주위 사람들이 점심 시간이나 퇴근 후에라도 운동을 해 보라고 하지만 오후에 서류를 처리하고 일하다 보면 운동 할 시간을 자꾸 놓치게 된다. **운동을 한다 한다 하는 것이** 벌써 3개월째 못하고 있다. 이렇게 **자꾸 미루고 안 하다가는** 몸이 더 힘들어질 것 같다. 그런데 최 과장은 **얼마 전까지만 해도 피곤해 보이더니** 요즘은 아주 활력이 있어 보인다. 몇 개월째 운동을 계속 하고 있어서 그런가 보다.

1. 요즘 이 사람의 문제는 무엇입니까?

2. 이 사람이 운동을 못하는 이유는 무엇입니까?

3. 다음 문장과 같은 의미의 문장을 위 글에서 찾아 쓰십시오.

1) 운동을 하려고 생각은 많이 했지만 못하고 있다.

→ ______________________________.

2) 계속 운동을 안 하면 몸이 더 힘들어 질 것이다.

→ ______________________________.

3) 얼마 전까지는 피곤해 보였는데 요즘은 힘이 있어 보인다.

→ ______________________________.

4. 여러분의 건강 상태는 어떻습니까? 간단히 써 보십시오.

나는 요즘 ______________________________

____

______________________________.

Ⅱ. 위 글에서 사용된 표현을 익혀 봅시다.

1 AVst ㄴ/는다 AVst ㄴ/는다 하는 것이 ________

- 부모님 선물을 산다 산다 하는 것이 아직 못 샀습니다.
- 한 번 연락을 드린다 드린다 하는 것이 아직도 못 했습니다.

1) 다음 문장을 완성하십시오.

가) 한국 노래를 하나 배운다 배운다 하는 것이 ______________________.

나) 건강 검진을 받는다 받는다 하는 것이 ______________________.

다) ______________ ㄴ/는다 ㄴ/는다 하는 것이 너무 바빠서 못 갔다.

2) 다음 중에서 맞는 것을 고르십시오. (   )

① 약을 먹는다 먹는다 하는 것이 자꾸 잊어버린다.
② 이사를 한다 한다 하는 것이 다음 주에는 이사합시다.
③ 답장을 쓴다 쓴다 하는 것이 주말에는 꼭 쓰려고 한다.
④ 축구 경기를 보러 간다 간다 하는 것이 언제 보러 갈까?

3) 건강을 위해서 생각만 하고 하지 못하고 있는 일이 있습니까? 위의 표현을 사용해서 문장을 써 보십시오.

가) ____________ ㄴ/는다 ㄴ/는다 하는 것이 ______________.

나) ____________ ㄴ/는다 ㄴ/는다 하는 것이 ______________.

2 AVst 다가는 ____________

- 계속 놀기만 하다가는 시험에 떨어질 거야.
- 그렇게 담배를 계속 피우다가는 건강이 나빠질 거예요.

1) 다음 문장을 완성하십시오.

가) 그렇게 계속 운동을 안 하다가는 ______________.

나) 이렇게 밤마다 야근을 계속 하다가는 ______________.

다) 매일 도서관에서 지내다가는 ______________.

2) 다음 상황에서 할 수 있는 말을 문장으로 만들어 보십시오.

가) 다이어트를 한다고 음식을 먹지 않는 친구에게 할 수 있는 말

→ ______________.

나) TV를 보거나 인터넷만 하는 아이에게 할 수 있는 말

→ ______________.

다) 운동은 하지 않고 기름진 음식을 많이 먹는 사람에게 할 수 있는 충고

→ ______________.

3 <u>Vst</u> 더니 ________

- 어제 비가 오더니 오늘 추워졌다.
- 어제는 바람이 많이 불더니 오늘은 바람이 불지 않는군요.

1) 다음 문장을 완성하십시오.

가) ________________________ 더니 결국 개그맨이 되었군요.

나) 늘 어두운 곳에서 책을 많이 읽더니 ________________________.

다) 전에는 동생이 어머니 말씀을 잘 안 듣더니 ________________________.

라) ________________________ 더니 오후가 되니까 춥네요.

2) 다음 문장을 완성하십시오.

가) 윤주 : 동생이 장학금을 받았다면서요?

소현 : 네, ________________________ 더니 이번에 장학금을 받았어요.

나) 미선 : 요즘도 그 친구가 자주 전화해요?

영수 : 아니요, ________________________ 더니 요즘은 통 연락이 없네요.

다) 박 선생님 : 김 선생님이 많이 건강해지셨죠?

이 선생님 : 네, 매일 채식만 하시더니 ________________________.

3) 다음 표를 완성한 후 문장으로 써 보십시오.

과거의 사실	변화나 결과
가)	건강해졌다.
나) 전에는 약해 보였다.	
다) 동생이 어렸을 때부터 그림을 잘 그렸다.	
라)	

가) ______________________ 더니 ______________________.

나) ______________________ 더니 ______________________.

다) ______________________ 더니 ______________________.

라) ______________________ 더니 ______________________.

Ⅲ. 건강에 관련된 어휘를 익히고 위의 표현을 사용하여 '건강' 또는 '건강한 생활' 에 대한 글을 쓰십시오.

활력이 있다, 기운이 넘치다, 몸이 가뿐하다, 체력이 좋다,

혈색이 좋다, 안색이 안 좋다, 기력이 떨어지다, 몸이 무겁다, 몸이 붓다, 피로가 쌓이다,

몸이 예전 같지 않다, 어지럽다, 입맛이 없다, 숨이 차다,

혈압이 높다 / 낮다, 뒷목이 뻐근하다, 요통이 있다, 어깨가 결리다,

체중이 늘다/ 줄다

19

세금 인상이 가장 좋은 방법이라고 생각한다

| 학습 목표 | 주장문 쓰기　　　**| 표　현 |** 의견, 당연함을 나타내는 표현

I.

제목 : ____________________

가) 한국 사람들은 술을 매우 좋아한다. 스트레스가 쌓인다고 한 잔, 기분이 좋다고 한 잔, 이런 저런 핑계로 마시다 보면 자기도 모르는 사이에 술이 가장 가까운 벗이 되고 만다. 최근에는 한국인이 세계에서 네 번째로 독주를 많이 마신다는 조사 결과도 나왔다. 술을 마시는 20세 이상 성인 남녀 10명 중 4명은 한 번 술을 마실 때 소주 1병 이상을 마신다고 한다. 또한 20세 이상 여성의 음주 비율도 17년 만에 2배 이상 증가했다고 한다. 이렇게 지나치게 많이 마시다 보니 여러 가지 문제도 발생한다.

나) 예를 들면____________________

____

____

____

나는 이런 문제를 해결하기 위해서는 우선 술 소비를 줄이는 방법을 찾는 게 **급하다고 본다**.

다) 그렇다면 술 소비를 줄이는 방법은 무엇일까? 나는 과다한 술 소비를 줄이려면 주류세 인상이 가장 **좋은 방법이라고 생각한다**. 술에 붙는 세금이 대폭 인상되면 자연히 술 값이 오를 것이고 **술 값이 오르면 술 소비는 줄게 마련이라고 생각한다**. 물론 주류세 인상이 빠른 시간 안에 쉽게 이루어지기는 어려울 것이다. 하지만 서둘러서 시행할수록 건강한 사회로 가는 지름길이 될 것이다.

1. 위 글에 제목을 붙여 보십시오.

2. 위 글의 가)를 한 문장으로 요약하십시오.

3. 위 글의 나)를 완성하십시오.

Ⅱ. 위 글에서 사용된 표현을 익혀 봅시다.

1

Vst (ㄴ/는)다고 보다

Vst (ㄴ/는)다고 생각하다

- 나는 노력만이 성공의 지름길이라고 생각한다.
- 전문가들은 이 문제가 해결되기 어렵다고 본다.

1) 다음 문장을 완성하십시오.

가) 교사 : 현재 여러분 나라에서 가장 심각한 사회 문제가 무엇입니까?

학생 : ______________________________ 다고 생각합니다.

나) 나는 한국인들이 ______________________________ 다고 생각한다.

다) 의학 전문가들은 암이 ______________________________ 다고 본다.

2) 여러분은 위 글의 주장에 대해서 어떻게 생각하십니까? 괄호 안의 단어를 골라 쓰십시오.

나는 이 사람의 의견이 ______________________________ 다고 본다. (옳다 / 잘못 되었다)

왜냐하면 ______________________________ 기 때문이다.

2 Vst (으)면 Vst 게 마련이다

- 술을 많이 마시면 건강이 나빠지게 마련이다.
- 시간이 지나면 누구나 익숙해지게 마련이다.

1) 다음 문장을 완성하십시오.

가) 나이가 들면 누구나 ______________________.

나) ______________________(으)면 좋은 결과를 얻게 마련이지요.

다) 학생 : 하숙집 친구들과 헤어질 때 너무 섭섭해서 눈물이 다 났어요.

교사 : 오랜 시간을 함께 지내다 보면 ______________________.

2) 다음 표를 완성한 후 문장으로 써 보십시오.

원인	자연스러운 결과
가) 서두른다.	실수한다.
나) 술 값이 인상된다.	
다)	

가) 서두르면 ______________________게 마련이다.

나) 술 값이 인상되면 ______________________게 마련이다.

다) ______________(으)면 ______________게 마련이다.

Ⅲ.

1. 여러분은 위 글의 의견에 찬성하십니까? 반대하십니까?
   왜 그렇게 생각하십니까? 다음 표에 의견을 간단히 써 보십시오.

가) 찬성 / 반대	
나) 이유	
다) 해결 방법 제시	

| 보기 |

가) 찬성 / 반대	반대한다.
나) 이유	주류세 인상은 별로 효과가 없을 것이기 때문이다. 담뱃값 인상도 흡연율 감소에 도움을 주지 못 했다.
다) 해결 방법 제시	음주 문화 개선 캠페인, 술 이외의 다른 여가 활동

2. 여러분의 의견을 긴 글로 옮겨 써 보십시오.

보기

주류세 인상 주장에 반대한다

한국인의 음주 문화에 문제가 있는 것은 사실이다. 과다한 술 소비에 따른 문제가 심각하다는 것도 인정한다. 하지만 술 소비를 줄이기 위하여 주류세를 인상하자는 위 글의 의견에는 반대한다. 왜냐하면 주류세가 인상된다 하더라도 큰 효과를 기대하기 어렵기 때문이다. 물론 술 값이 대폭 인상된다면 얼마간은 소비가 감소하게 마련이다. 하지만 담뱃값 인상이 흡연율 감소에 직접적인 영향을 주지 못했던 것처럼 술 값 인상도 술 소비를 줄이는 데는 지속적인 효과가 없을 것이다. 최근 흡연율이 감소한 것은 적극적인 금연 캠페인이 큰 역할을 했기 때문이다. 나는 술 소비를 줄이기 위해서는 음주 문화 개선을 위한 캠페인이 가장 좋은 방법이라고 본다. 정부가 적극적으로 나서고 직장과 학교에서는 올바른 음주 문화를 위한 노력이 필요하다고 생각한다. 술이 아닌 다른 여가 활동으로 친해지는 사회 분위기도 만들어야 한다.

이를 위해서 신문과 방송에서는 공익 광고나 건강 관련 기사, 건강 정보 프로그램을 계속 내보내야 할 것이다. 그리고 직장과 대학에서는 술이 아닌 다른 취미나 여가 활동이 대화와 사교의 수단이 될 수 있도록 선배들이 분위기를 이끌어야 한다. 그리고 자라나는 청소년들을 대상으로 금연, 금주 교육을 함께 한다면 근본적인 해결책이 될 것이라고 생각한다.

여기서 잠깐!

- 한국인이 좋아하는 술은?

  1위 소주 (65.3%)
  2위 맥주 (29.1%)
  3위 막걸리 (2.0%)
  4위 전통주 (1.1%)
  5위 양주 (1.0%)

– 2004년 5월 한국 갤럽 조사 결과

20

손에 땀을 쥐게 하는 경기였다

| 학습 목표 | 관용어 사용해서 글쓰기　　　**| 표　현 |** 몸에 관련된 관용어

I.

오늘은 한국 팀의 축구 경기가 있는 날이었다. 어렵게 표를 구한 우리 가족은 축구 전용 경기장을 찾았다.

우리나라 사람들은 정말 축구를 사랑하나 보다. 경기장에는 정말 많은 사람들이 모여들었다. 미처 표를 구하지 못한 사람들은 경기장 밖에 설치된 대형 스크린을 보면서 응원을 했다. 서울역 앞과 시청 앞에도 사람들이 모였고 직장에서 일을 하던 사람들도 모두 **하던 일을 멈추고** 축구 경기를 보았다.

경기는 내내 **아슬아슬하여 마음이 조마조마했다.** 우리 선수들은 서로 **호흡이 잘 맞아 실수가 없었다.**

1. 위 글의 굵은 글씨 부분을 다음 표현을 이용해서 바꿔 써 보십시오.

| 보기 |

손을 놓다,　손발이 잘 맞다,　손에 땀을 쥐게 하다

1) 하던 일을 멈추고 →

2) 아슬아슬하여 마음이 조마조마했다 →

3) 호흡이 잘 맞아 실수가 없었다 →

Ⅱ. 몸에 관련된 관용어를 익힙시다.

1. 얼굴이 반쪽이 되다 : 앓거나 고통을 겪어 얼굴이 몹시 마르다.
2. 얼굴이 피다 : 얼굴에 살이 오르고 안색이 좋아지다.
3. 눈 깜짝할 사이 : 매우 짧은 순간
4. 눈에 넣어도 아프지 않다 : 매우 귀엽다.
5. 눈을 붙이다 : 잠을 자다.
6. 입에 침이 마르도록 칭찬하다 : 다른 사람이나 물건에 대하여 거듭해서 아주 좋게 말하다.
7. 입이 무겁다 : 말이 적거나 다른 사람의 비밀을 함부로 옮기지 않다.
8. 입이 짧다 : 음식을 심하게 가리거나 적게 먹다.
9. 귀(를) 기울이다 : 남의 이야기나 의견에 관심을 가지고 잘 듣다.
10. 귀에 못이 박이도록 듣다 : 같은 말을 여러 번 듣다.
11. 귀가 뚫리다 : 말을 알아듣게 되다.
12. 목이 빠지도록 기다리다 : 몹시 안타깝게 기다리다.
13. 목에 힘을 주다 : 잘난 척하거나 남을 무시하는 듯한 태도를 취하다.
14. 어깨가 무겁다 : 무거운 책임을 져서 마음의 부담이 크다.
15. 어깨가 가볍다 : 무거운 책임에서 벗어나 마음이 가볍다.
16. 어깨가 처지다 : 몹시 실망해서 기가 꺽이다.
17. 배(가) 아프다 : 남이 잘 되어 심술이 나다.
18. 간(이) 떨어지다 : 순간적으로 몹시 놀라다.
19. 간이 붓다 : 지나치게 대담해지다.
20. 간이 콩알만 해지다 : 몹시 두려워지거나 무서워지다.
21. 손(을) 떼다 : 하고 있던 일을 그만두다.
22. 손(이) 크다 : 씀씀이가 후하고 크다.
23. 손바닥 뒤집듯 하다 : 금방 마음이 변하거나 태도를 쉽게 바꾸는 경향이 있다.
24. 발(을) 끊다 : 자주 가던 곳과 관계를 끊다.
25. 발(이) 넓다 : 사귀어 아는 사람이 많다.
26. 발이 묶이다 : 돈이 떨어지거나 교통수단이 통하지 않아 이동할 수 없게 되다.

1. 다음 (　) 안에 위의 1~8번의 관용어 중 적당한 말을 골라 써 넣으십시오.

가) 1주일 내내 감기 몸살을 앓았더니 (　　　　　　　　　　)었(았, 였)다.

나) 요즘 (　　　　　　　　　　)는 것을 보니 무슨 좋은 일이 있나보다.

다) 친구는 배가 많이 고팠는지 그 많은 음식을 (　　　　　　　　　　)에 다 먹어 버렸다.

라) 아이들 다 키우고 늦둥이로 얻은 아들이라 (　　　　　　　　　　)(ㄴ/는)다.

마) 버스에서 잠깐 (　　　　　　　　　　)(으)ㄴ 사이에 내가 내려야 할 곳을 지나쳤다.

바) 선생님께서는 모범생 경수를 보고 (　　　　　　　　　　) 칭찬하셨다.

사) (　　　　　　　　　　)지 않은 사람에게 비밀을 함부로 말해선 안 된다.

아) 영희 씨는 (　　　　　　　　　　)어(아, 여)서 여행지에 가면 음식을 잘 못 먹는다.

2. 다음 (　) 안에 위의 9~17번의 관용어 중 적당한 말을 골라 써 넣으십시오.

가) 조용히 눈을 감고 (　　　　　　　　　　)었(았, 였)더니 멀리서 시냇물 소리가 들려왔다.

나) 친구에게 그 버릇을 고치라고 (　　　　　)도록 말했는데도 결국 그 버릇을 고치지 못했다.

다) 카세트 테이프로 듣기 연습을 한 지 1년 만에 (　　　　　　　　　　)었(았, 였)다.

라) 철수 씨는 카페에서 영희 씨를 한 시간째 (　　　　　　　　　　) 기다리고 있다.

마) 김 씨는 과장으로 승진하더니 (　　　　　　　　　　)어(아, 여)서 동료들한테 따돌림을 당해요.

바) 직급이 올라갈수록 (　　　　　　　　　　)어(아, 여)서 마음도 무거워져요.

사) 그 문제를 해결하고 나니 (　　　　　　　　　　)어(아, 여)졌다.

아) 그는 지난 시험에서 낙방한 뒤로 (　　　　　　　　　　)었(았, 였)다.

자) 입사 동기가 먼저 승진하는 것을 보니 (　　　　　　　　　　)(ㄴ/는)다.

3. 다음 ( ) 안에 위의 18~26번의 관용어 중 적당한 말을 골라 써 넣으십시오.

가) 아이구, 깜짝이야. ( )(으)ㄹ 뻔했네.

나) 중학생이 부모님 허락도 없이 친구들과 여행을 가다니. ( )었(았, 였) 군.

다) 어두운 골목에서 뒤에 누가 따라오는 것 같아서 ( )었(았, 였)다.

라) 이번 일만 성공하면 저는 이제 이 일에서 ( )(으)ㄹ 거예요.

마) 어머니는 워낙 ( )(으)ㄴ 분이라서 항상 음식을 넉넉하게 준비하십니다.

바) 다 같이 의논해서 결정한 건데 ( )듯 하면 어떻게 하니?

사) 요즘 저 식당에 ( )었(았, 였)어요. 안 간 지 오래 되었어요.

아) 영수한테 물어보세요. ( )어(아, 여)서 모르는 사람이 없어요.

자) 갑작스런 폭설로 인해 등산객들의 ( )었(았, 였)다.

Ⅲ. 위의 표현을 사용해서 글을 써 봅시다.

1. 위의 관용어를 사용해서 다음 글을 다시 써 보십시오.

요즘 선희 **얼굴이 많이 상했다**. 병원에 입원하신 어머니의 병간호하랴, 대학원 공부하랴, 다음 달에 있는 결혼식 준비하랴, 많이 힘들어 보였다. 병원과 학교를 오가느라고 **잠 잘 시간도 없다고 했다**.

벌써 4급이 끝나간다. 한국어 공부를 시작한 것이 엊그제 같은데 **정말 시간이 빠르게 지나갔다**. 한국에 와서 처음 1급에서 공부를 시작할 때만 해도 하루 하루가 너무 힘들었다. 말이 통하지 않아 힘든 것은 물론이고 원래 **음식을 가려서** 아무 음식이나 잘 먹지 못 했던 나는 식사 때가 되면 뭘 먹을지가 늘 고민이었다.

2. 다음에 제시된 관용어 중에서 두 개 이상을 사용해서 간단한 글을 써 보십시오.

귀를 기울이다,　귀에 못이 박이도록 듣다,　귀가 뚫리다

| 보기 |

한국어 공부를 처음 시작했을 때부터 귀가 뚫리려면 한국 영화나 드라마, 뉴스 등을 자주 접해야 한다고 귀에 못이 박이도록 들었다. 그런데 그 말에 귀를 기울이지 않아서 나는 여전히 듣기 실력이 나쁘다.

목이 빠지도록 기다리다, 목에 힘을 주다, 어깨가 처지다, 어깨가 무겁다

간이 붓다, 발이 묶이다, 손바닥 뒤집듯 하다, 발이 넓다

모범 답안

다음의 해답 중 문장 만들기는 예시일 뿐입니다.
학생의 수준에 따라 다양한 문장이 가능합니다.

1과 늘 건강하시기 바랍니다

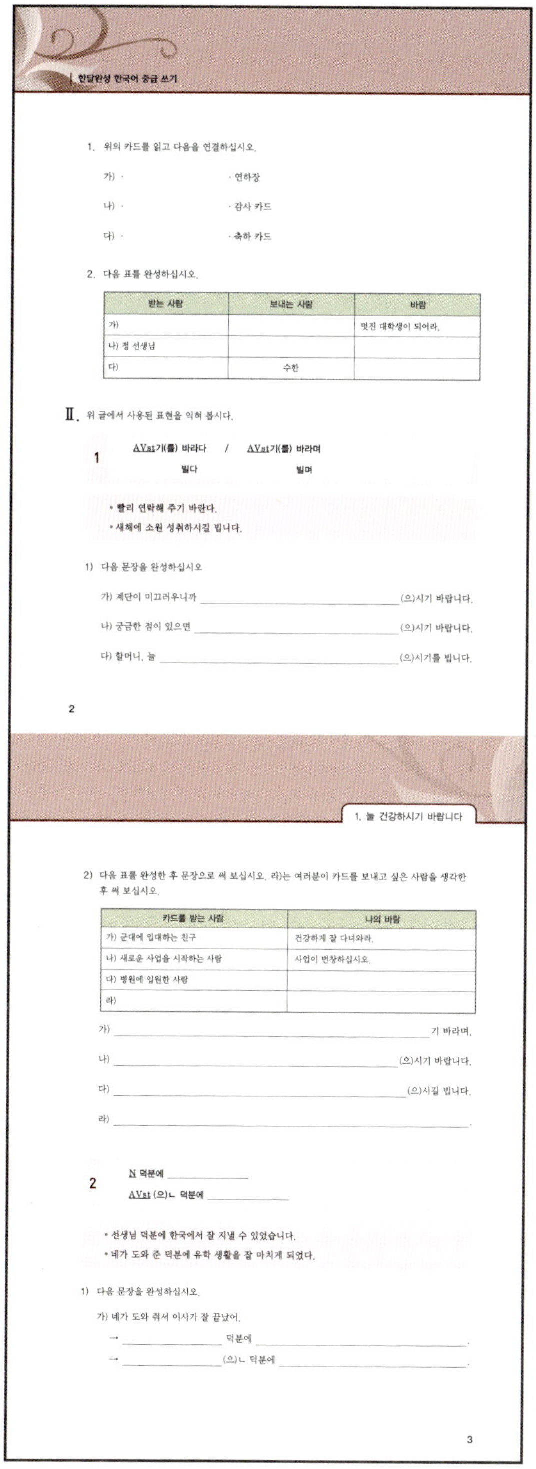
한달완성 한국어 중급 쓰기

1. 위의 카드를 읽고 다음을 연결하십시오.

가) · · 연하장

나) · · 감사 카드

다) · · 축하 카드

2. 다음 표를 완성하십시오.

받는 사람	보내는 사람	바람
가)		멋진 대학생이 되어라.
나) 정 선생님		
다)	수한	

Ⅱ. 위 글에서 사용된 표현을 익혀 봅시다.

1 AVst기(를) 바라다 / AVst기(를) 바라며
빌다 빌며

• 빨리 연락해 주기 바란다.
• 새해에 소원 성취하시길 빕니다.

1) 다음 문장을 완성하십시오.

가) 계단이 미끄러우니까 ________________ (으)시기 바랍니다.

나) 궁금한 점이 있으면 ________________ (으)시기 바랍니다.

다) 할머니, 늘 ________________ (으)시기를 빕니다.

2

1. 늘 건강하시기 바랍니다

2) 다음 표를 완성한 후 문장으로 써 보십시오. 라)는 여러분이 카드를 보내고 싶은 사람을 생각한 후 써 보십시오.

카드를 받는 사람	나의 바람
가) 군대에 입대하는 친구	건강하게 잘 다녀와라.
나) 새로운 사업을 시작하는 사람	사업이 번창하십시오.
다) 병원에 입원한 사람	
라)	

가) ________________ 기 바라며.

나) ________________ (으)시기 바랍니다.

다) ________________ (으)시길 빕니다.

라) ________________.

2 N 덕분에 ________
AVst (으)ㄴ 덕분에 ________

• 선생님 덕분에 한국에서 잘 지낼 수 있었습니다.
• 네가 도와 준 덕분에 유학 생활을 잘 마치게 되었다.

1) 다음 문장을 완성하십시오.

가) 네가 도와 줘서 이사가 잘 끝났어.

→ ________ 덕분에 ________.

→ ________ (으)ㄴ 덕분에 ________.

3

Ⅰ.

1. 가) · → 축하 카드
   나) · → 감사 카드
   다) · → 연하장

(가) · · 연하장 / 나) · · 감사 카드 / 다) · · 축하 카드 — 가)–축하 카드, 나)–감사 카드, 다)–연하장 연결)

2.

받는 사람	보내는 사람	바람
가) 진수	누나	멋진 대학생이 되어라.
나) 정 선생님	마이클	건강하십시오.
다) 큰 아버지	수한	원하는 일 모두 이루십시오.

Ⅱ.

1. 1)

가) 계단이 미끄러우니까 조심하시기 바랍니다.

나) 궁금한 점이 있으면 사무실에 문의하시기 바랍니다.

다) 할머니, 늘 건강하시기를 빕니다.

2)

카드를 받는 사람	나의 바람
가) 군대에 입대하는 친구	건강하게 잘 다녀와라.
나) 새로운 사업을 시작하는 사람	사업이 번창하십시오.
다) 병원에 입원한 사람	빨리 회복하십시오.
라) 결혼하는 친구	행복하게 살아라.

가) 건강하게 잘 다녀오기 바라며.

나) 사업이 번창하시기 바랍니다.

다) 빨리 회복하시길 빕니다.

라) 행복하게 살기 바란다.

2. 1)

가) 너 덕분에 이사가 잘 끝났어.

네가 도와 준 덕분에 이사가 잘 끝났어.

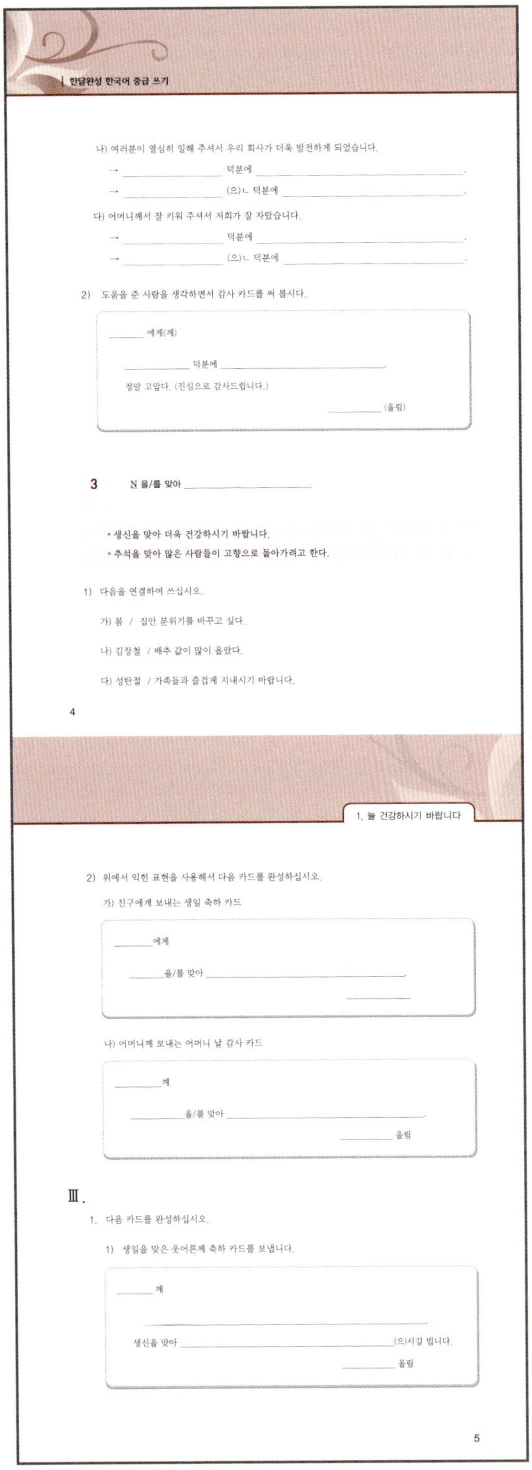

한달완성 한국어 중급 쓰기

나) 여러분이 열심히 일해 주셔서 우리 회사가 더욱 발전하게 되었습니다.

→ ______ 덕분에 ______.

→ ______ (으)ㄴ 덕분에 ______.

다) 어머니께서 잘 키워 주셔서 저희가 잘 자랐습니다.

→ ______ 덕분에 ______.

→ ______ (으)ㄴ 덕분에 ______.

2) 도움을 준 사람을 생각하면서 감사 카드를 써 봅시다.

______ 에게(께)

______ 덕분에 ______.

정말 고맙다. (진심으로 감사드립니다.)

______ (올림)

3 N 을/를 맞아 ______

* 생신을 맞아 더욱 건강하시기 바랍니다.
* 추석을 맞아 많은 사람들이 고향으로 돌아가려고 한다.

1) 다음을 연결하여 쓰십시오.

가) 봄 / 집안 분위기를 바꾸고 싶다.

나) 김장철 / 배추 값이 많이 올랐다.

다) 성탄절 / 가족들과 즐겁게 지내시기 바랍니다.

4

1. 늘 건강하시기 바랍니다

2) 위에서 익힌 표현을 사용해서 다음 카드를 완성하십시오.

가) 친구에게 보내는 생일 축하 카드

______ 에게

______ 을/를 맞아 ______.

______

나) 어머니께 보내는 어머니 날 감사 카드

______ 께

______ 을/를 맞아 ______.

______ 올림

Ⅲ.

1. 다음 카드를 완성하십시오.

1) 생일을 맞은 웃어른께 축하 카드를 보냅니다.

______ 께

______.

생신을 맞아 ______ (으)시길 빕니다.

______ 올림

5

나) 여러분 덕분에 우리 회사가 더욱 발전하게 되었습니다.
여러분이 열심히 일해 주신 덕분에 우리 회사가 더욱 발전하게 되었습니다.

다) 어머니 덕분에 저희가 잘 자랐습니다.
어머니께서 잘 키워 주신 덕분에 저희가 잘 자랐습니다.

2)

진호에게

너 덕분에 유학 준비가 무사히 끝났어.
정말 고맙다.

영석이가

3. 1)

가) 봄을 맞아 집안 분위기를 바꾸고 싶다.

나) 김장철을 맞아 배추 값이 많이 올랐다.

다) 성탄절을 맞아 가족들과 즐겁게 지내시기 바랍니다.

2)

가)

진호에게

생일을 맞아 좋은 일 많이 생기길 빈다.

연수가

나)

어머니께

어머니 날을 맞아 어머니 은혜에 진심으로 감사드립니다.

리사 올림

Ⅲ.

1. 1)

이 박사님께

생신을 진심으로 축하드립니다. 생신을 맞아 더욱 건강하시고 원하는 일 모두 이루시길 빕니다.

준이치 올림

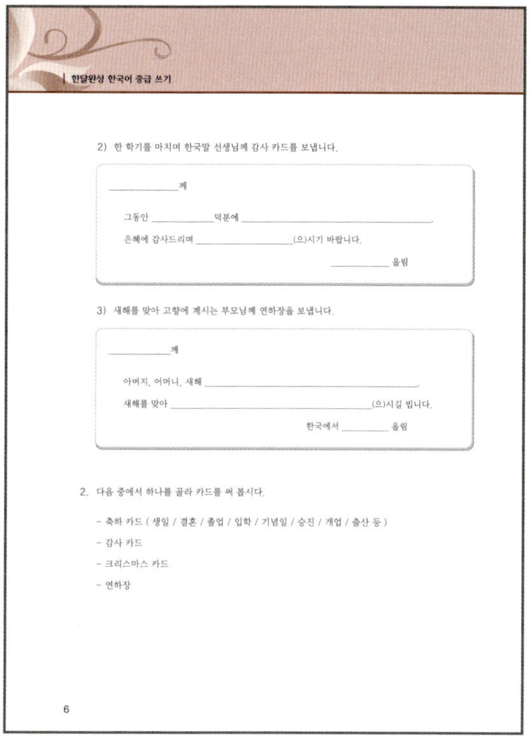
| 한달완성 한국어 중급 쓰기

2) 한 학기를 마치며 한국말 선생님께 감사 카드를 보냅니다.

______께

그동안 ______ 덕분에 ______.

은혜에 감사드리며 ______(으)시기 바랍니다.

______ 올림

3) 새해를 맞아 고향에 계시는 부모님께 연하장을 보냅니다.

______께

아버지, 어머니, 새해 ______.

새해를 맞아 ______(으)시길 빕니다.

한국에서 ______ 올림

2. 다음 중에서 하나를 골라 카드를 써 봅시다.

- 축하 카드 (생일 / 결혼 / 졸업 / 입학 / 기념일 / 승진 / 개업 / 출산 등)
- 감사 카드
- 크리스마스 카드
- 연하장

6

2)

선생님께

그동안 선생님 덕분에 한국말을 많이 배웠습니다.

은혜에 감사드리며 행운이 늘 함께 하시기 바랍니다.

스티브 올림

3)

아버지, 어머니께

아버지, 어머니, 새해 복 많이 받으십시오.

새해를 맞아 두 분 모두 소원 성취하시길 빕니다.

한국에서 민재 올림

2과 우리 언니는 영화배우처럼 예쁘다

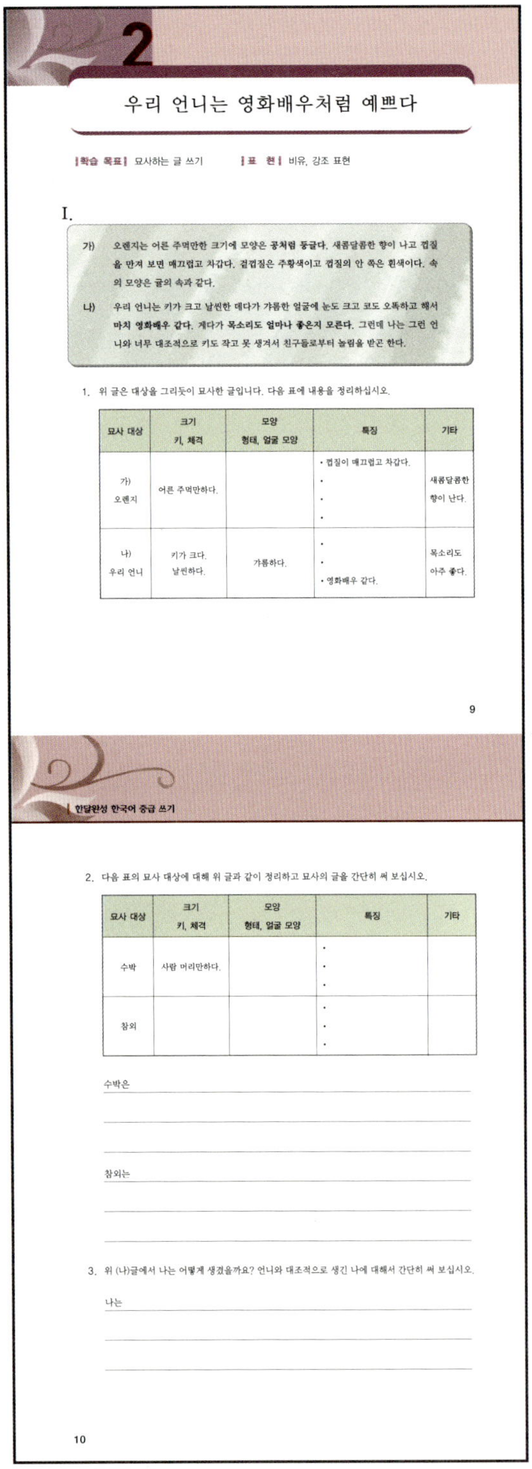

2 우리 언니는 영화배우처럼 예쁘다

|학습 목표| 묘사하는 글 쓰기 |표 현| 비유, 강조 표현

I.

가) 오렌지는 어른 주먹만한 크기에 모양은 **공처럼 둥글다**. 새콤달콤한 향이 나고 껍질을 만져 보면 매끄럽고 차갑다. 겉껍질은 주황색이고 껍질의 안 쪽은 흰색이다. 속의 모양은 귤의 속과 같다.

나) 우리 언니는 키가 크고 날씬한 데다가 갸름한 얼굴에 눈도 크고 코도 오똑하고 해서 **마치 영화배우 같다**. 게다가 **목소리도 얼마나 좋은지 모른다**. 그런데 나는 그런 언니와 너무 대조적으로 키도 작고 못 생겨서 친구들로부터 놀림을 받곤 한다.

1. 위 글은 대상을 그리듯이 묘사한 글입니다. 다음 표에 내용을 정리하십시오.

묘사 대상	크기 키, 체격	모양 형태, 얼굴 모양	특징	기타
가) 오렌지	어른 주먹만하다.		• 껍질이 매끄럽고 차갑다. • • •	새콤달콤한 향이 난다.
나) 우리 언니	키가 크다. 날씬하다.	갸름하다.	• • • 영화배우 같다.	목소리도 아주 좋다.

9

한달완성 한국어 중급 쓰기

2. 다음 표의 묘사 대상에 대해 위 글과 같이 정리하고 묘사의 글을 간단히 써 보십시오.

묘사 대상	크기 키, 체격	모양 형태, 얼굴 모양	특징	기타
수박	사람 머리만하다.		• • •	
참외			• • •	

수박은

참외는

3. 위 (나)글에서 나는 어떻게 생겼을까요? 언니와 대조적으로 생긴 나에 대해서 간단히 써 보십시오.

나는

10

I

1.

묘사 대상	크기 키, 체격	모양 형태, 얼굴 모양	특징	기타
가) 오렌지	어른 주먹만하다.	공처럼 둥글다.	• 껍질이 매끄럽고 차갑다. • 겉껍질은 주황색이다. • 껍질 안 쪽은 흰색이다. • 속의 모양은 귤의 속과 같다.	새콤달콤한 향이 난다.
나) 우리 언니	키가 크다. 날씬하다.	갸름하다.	• 눈이 크다. • 코가 오똑하다. • 영화배우 같다.	목소리도 아주 좋다.

3. 언니와 너무 대조적으로 키도 작고 못 생겨서 친구들로부터 놀림을 받곤 한다.

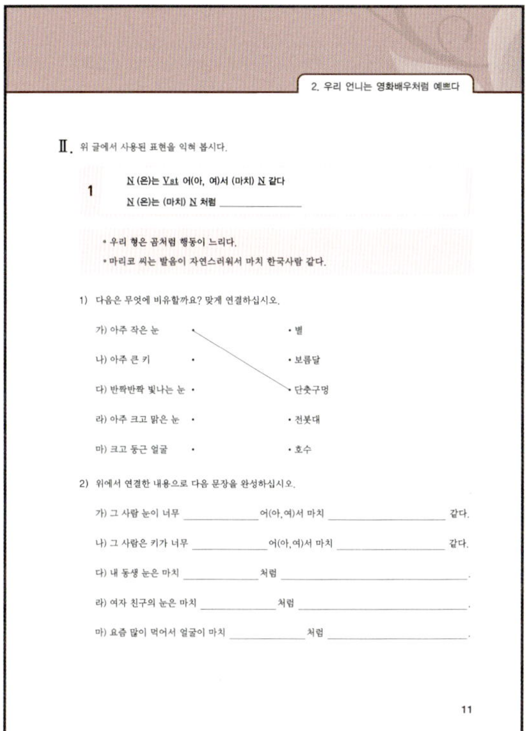

Ⅱ. 위 글에서 사용된 표현을 익혀 봅시다.

1 N (은)는 Vst 어(아, 여)서 (마치) N 같다
N (은)는 (마치) N 처럼 ______

- 우리 형은 곰처럼 행동이 느리다.
- 마리코 씨는 발음이 자연스러워서 마치 한국사람 같다.

1) 다음은 무엇에 비유할까요? 맞게 연결하십시오.

가) 아주 작은 눈 · · 별
나) 아주 큰 키 · · 보름달
다) 반짝반짝 빛나는 눈 · · 단춧구멍
라) 아주 크고 맑은 눈 · · 전봇대
마) 크고 둥근 얼굴 · · 호수

2) 위에서 연결한 내용으로 다음 문장을 완성하십시오.

가) 그 사람 눈이 너무 ______어(아, 여)서 마치 ______ 같다.
나) 그 사람은 키가 너무 ______어(아, 여)서 마치 ______ 같다.
다) 내 동생 눈은 마치 ______ 처럼 ______.
라) 여자 친구의 눈은 마치 ______ 처럼 ______.
마) 요즘 많이 먹어서 얼굴이 마치 ______ 처럼 ______.

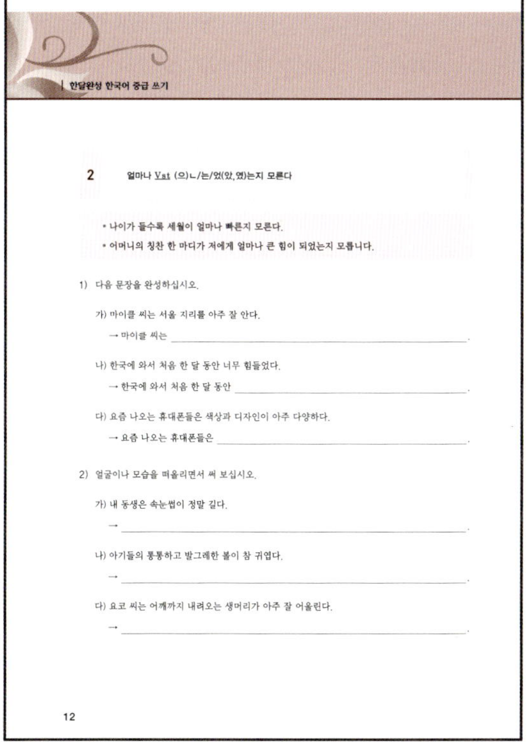

2 얼마나 Vst (으)ㄴ/는/었(았, 였)는지 모른다

- 나이가 들수록 세월이 얼마나 빠른지 모른다.
- 어머니의 칭찬 한 마디가 저에게 얼마나 큰 힘이 되었는지 모릅니다.

1) 다음 문장을 완성하십시오.

가) 마이클 씨는 서울 지리를 아주 잘 안다.
→ 마이클 씨는 ______.

나) 한국에 와서 처음 한 달 동안 너무 힘들었다.
→ 한국에 와서 처음 한 달 동안 ______.

다) 요즘 나오는 휴대폰들은 색상과 디자인이 아주 다양하다.
→ 요즘 나오는 휴대폰들은 ______.

2) 얼굴이나 모습을 떠올리면서 써 보십시오.

가) 내 동생은 속눈썹이 정말 길다.
→ ______.

나) 아기들의 통통하고 발그레한 볼이 참 귀엽다.
→ ______.

다) 요코 씨는 어깨까지 내려오는 생머리가 아주 잘 어울린다.
→ ______.

Ⅱ.

1. 1)

가) 아주 작은 눈 — 단춧구멍
나) 아주 큰 키 — 전봇대
다) 반짝반짝 빛나는 눈 — 별
라) 아주 크고 맑은 눈 — 호수
마) 크고 둥근 얼굴 — 보름달

2)

가) 작아서, 단춧 구멍
나) 커서, 전봇대
다) 별처럼, 반짝반짝 빛난다.
라) 호수처럼, 크고 맑다.
마) 보름달처럼, 크고 둥글다.

2. 1)

가) 서울 지리를 얼마나 잘 아는지 모른다.
나) 얼마나 힘들었는지 모른다.
다) 색상과 디자인이 얼마나 다양한지 모른다.

2)

가) 내 동생은 속눈썹이 얼마나 긴지 모른다.
나) 아기들의 (통통하고 발그레한) 볼이 얼마나 귀여운지 모른다.
다) 요코 씨는 어깨까지 내려오는 생머리가 얼마나 잘 어울리는지 모른다.

3과 꼼꼼히 보느라고 늦어졌습니다

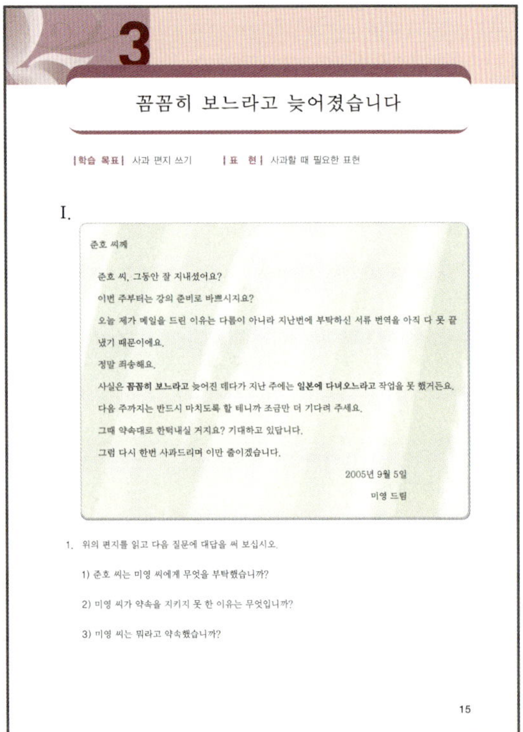
3

꼼꼼히 보느라고 늦어졌습니다

|학습 목표| 사과 편지 쓰기 |표 현| 사과할 때 필요한 표현

I.

준호 씨께

준호 씨, 그동안 잘 지내셨어요?
이번 주부터는 강의 준비로 바쁘시지요?
오늘 제가 메일을 드린 이유는 다름이 아니라 지난번에 부탁하신 서류 번역을 아직 다 못 끝냈기 때문이에요.
정말 죄송해요.
사실은 **꼼꼼히 보느라고** 늦어진 데다가 지난 주에는 **일본에 다녀오느라고** 작업을 못 했거든요.
다음 주까지는 반드시 마치도록 할 테니까 조금만 더 기다려 주세요.
그때 약속대로 한턱내실 거지요? 기대하고 있답니다.
그럼 다시 한번 사과드리며 이만 줄이겠습니다.

2005년 9월 5일
미영 드림

1. 위의 편지를 읽고 다음 질문에 대답을 써 보십시오.
   1) 준호 씨는 미영 씨에게 무엇을 부탁했습니까?
   2) 미영 씨가 약속을 지키지 못 한 이유는 무엇입니까?
   3) 미영 씨는 뭐라고 약속했습니까?

15

Ⅰ.

1. 1) 서류 번역을 부탁했다.
   2) 꼼꼼히 보느라고 늦어진 데다가 지난 주에는 일본에 다녀오느라고 작업을 못 했다.
   3) 다음 주까지는 반드시 마치도록 하겠다고 약속했다.

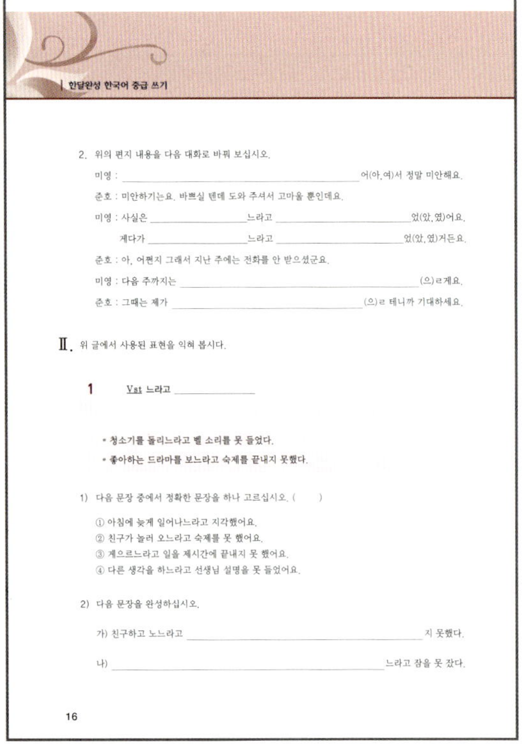
| 한달완성 한국어 중급 쓰기

2. 위의 편지 내용을 다음 대화로 바꿔 보십시오.
   미영 : ________________ 어(아,여)서 정말 미안해요.
   준호 : 미안하기는요. 바쁘실 텐데 도와 주셔서 고마울 뿐인데요.
   미영 : 사실은 ________ 느라고 ________ 었(았,였)어요.
   게다가 ________ 느라고 ________ 었(았,였)거든요.
   준호 : 아, 어쩐지 그래서 지난 주에는 전화를 안 받으셨군요.
   미영 : 다음 주까지는 ________________ (으)ㄹ게요.
   준호 : 그때는 제가 ________________ (으)ㄹ 테니까 기대하세요.

Ⅱ. 위 글에서 사용된 표현을 익혀 봅시다.

1 Vst 느라고 ________

- 청소기를 돌리느라고 벨 소리를 못 들었다.
- 좋아하는 드라마를 보느라고 숙제를 끝내지 못했다.

1) 다음 문장 중에서 정확한 문장을 하나 고르십시오. ( )
   ① 아침에 늦게 일어나느라고 지각했어요.
   ② 친구가 놀러 오느라고 숙제를 못 했어요.
   ③ 게으르느라고 일을 제시간에 끝내지 못 했어요.
   ④ 다른 생각을 하느라고 선생님 설명을 못 들었어요.

2) 다음 문장을 완성하십시오.
   가) 친구하고 노느라고 ________________ 지 못했다.
   나) ________________ 느라고 잠을 못 잤다.

16

2. 미영 : 약속을 못 지켜서 정말 미안해요.
   준호 : 미안하기는요. 바쁘실 텐데 도와 주셔서 고마울 뿐인데요.
   미영 : 사실은 꼼꼼히 보느라고 늦어졌어요. 게다가 지난 주에는 일본에 다녀오느라고 작업을 못 했거든요.
   준호 : 아, 어쩐지 그래서 지난 주에는 전화를 안 받으셨군요.
   미영 : 다음 주까지는 반드시 마치도록 할게요.
   준호 : 그때는 제가 한턱낼 테니까 기대하세요.

Ⅱ.

1. 1) ④
   2)
   가) 친구하고 노느라고 숙제를 하지 못 했다.
   나) 보고서를 준비하느라고 잠을 못 잤다.

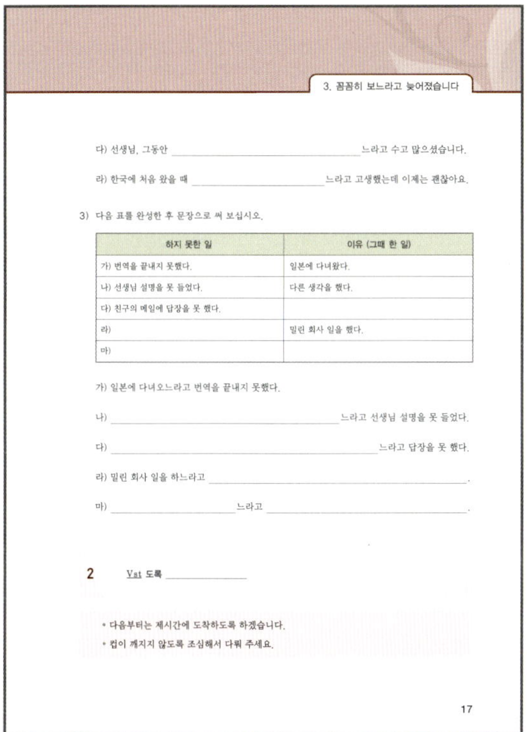
3. 꼼꼼히 보느라고 늦어졌습니다

다) 선생님, 그동안 ______ 느라고 수고 많으셨습니다.

라) 한국에 처음 왔을 때 ______ 느라고 고생했는데 이제는 괜찮아요.

3) 다음 표를 완성한 후 문장으로 써 보십시오.

하지 못한 일	이유 (그때 한 일)
가) 번역을 끝내지 못했다.	일본에 다녀왔다.
나) 선생님 설명을 못 들었다.	다른 생각을 했다.
다) 친구의 메일에 답장을 못 했다.	
라)	밀린 회사 일을 했다.
마)	

가) 일본에 다녀오느라고 번역을 끝내지 못했다.

나) ______ 느라고 선생님 설명을 못 들었다.

다) ______ 느라고 답장을 못 했다.

라) 밀린 회사 일을 하느라고 ______.

마) ______ 느라고 ______.

2 Vst 도록 ______

- 다음부터는 제시간에 도착하도록 하겠습니다.
- 컵이 깨지지 않도록 조심해서 다뤄 주세요.

17

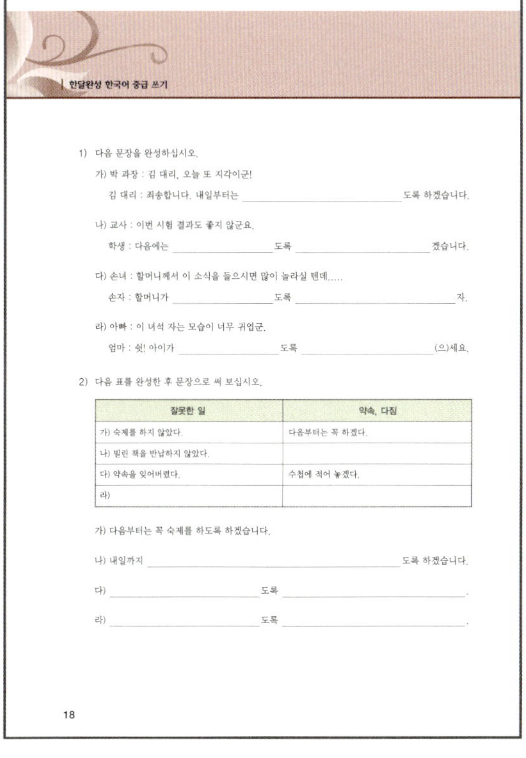
한달완성 한국어 중급 쓰기

1) 다음 문장을 완성하십시오.

가) 박 과장 : 김 대리, 오늘 또 지각이군!
김 대리 : 죄송합니다. 내일부터는 ______ 도록 하겠습니다.

나) 교사 : 이번 시험 결과도 좋지 않군요.
학생 : 다음에는 ______ 도록 ______ 겠습니다.

다) 손녀 : 할머니께서 이 소식을 들으시면 많이 놀라실 텐데.....
손자 : 할머니가 ______ 도록 ______ 자.

라) 아빠 : 이 녀석 자는 모습이 너무 귀엽군.
엄마 : 쉿! 아이가 ______ 도록 ______ (으)세요.

2) 다음 표를 완성한 후 문장으로 써 보십시오.

잘못한 일	약속, 다짐
가) 숙제를 하지 않았다.	다음부터는 꼭 하겠다.
나) 빌린 책을 반납하지 않았다.	
다) 약속을 잊어버렸다.	수첩에 적어 놓겠다.
라)	

가) 다음부터는 꼭 숙제를 하도록 하겠습니다.

나) 내일까지 ______ 도록 하겠습니다.

다) ______ 도록 ______.

라) ______ 도록 ______.

18

다) 선생님, 그동안 가르치시느라고 수고 많으셨습니다.

라) 한국에 처음 왔을 때 한국 생활에 익숙해지느라고 고생했는데 이제는 괜찮아요.

3)

하지 못한 일	이유 (그때 한 일)
가) 번역을 끝내지 못했다.	일본에 다녀왔다.
나) 선생님 설명을 못 들었다.	다른 생각을 했다.
다) 친구의 메일에 답장을 못 했다.	시험 공부를 했다.
라) 제 시간에 퇴근하지 못했다.	밀린 회사 일을 했다.
마) 졸업 여행을 못 갔다.	아르바이트를 했다.

나) 다른 생각을 하느라고 선생님 설명을 못 들었다.

다) 시험 공부를 하느라고 답장을 못 했다.

라) 밀린 회사 일을 하느라고 제시간에 퇴근하지 못했다.

마) 아르바이트를 하느라고 졸업 여행을 못 갔다.

2. 1)

가) 내일부터는 일찍 오도록 하겠습니다.

나) 다음에는 잘 보도록 열심히 공부하겠습니다.

다) 할머니가 놀라시지 않도록 비밀로 하자.

라) 아이가 깨지 않도록 조심하세요.

2)

잘못한 일	약속, 다짐
가) 숙제를 하지 않았다.	다음부터는 꼭 하겠다.
나) 빌린 책을 반납하지 않았다.	내일까지 반납하겠다.
다) 약속을 잊어버렸다.	수첩에 적어 놓겠다.
라) 실수했다.	조심하겠다.

나) 내일까지 책을 반납하도록 하겠습니다.

다) 약속을 잊지 않도록 수첩에 적어 놓을 것이다.

라) 실수하지 않도록 조심하겠다.

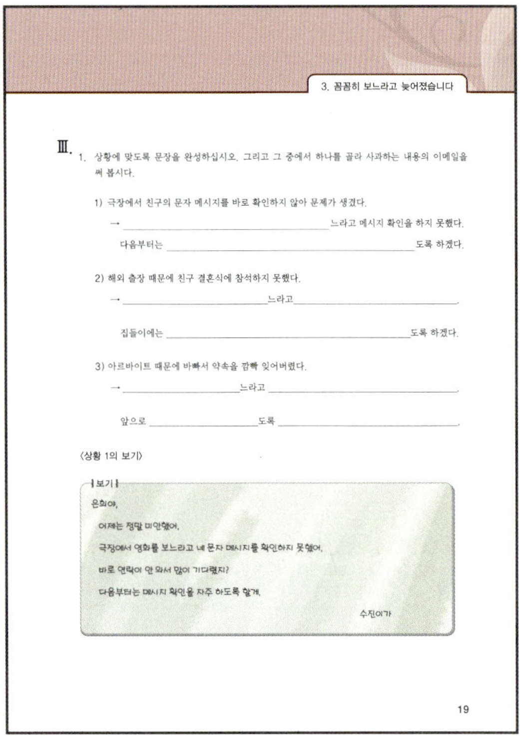
3. 꼼꼼히 보느라고 늦어졌습니다

Ⅲ. 1. 상황에 맞도록 문장을 완성하십시오. 그리고 그 중에서 하나를 골라 사과하는 내용의 이메일을 써 봅시다.

1) 극장에서 친구의 문자 메시지를 바로 확인하지 않아 문제가 생겼다.

→ ____________ 느라고 메시지 확인을 하지 못했다.

다음부터는 ____________ 도록 하겠다.

2) 해외 출장 때문에 친구 결혼식에 참석하지 못했다.

→ ____________ 느라고 ____________.

집들이에는 ____________ 도록 하겠다.

3) 아르바이트 때문에 바빠서 약속을 깜빡 잊어버렸다.

→ ____________ 느라고 ____________.

앞으로 ____________ 도록 ____________.

〈상황 1의 보기〉

| 보기 |

은희야,

어제는 정말 미안했어,

극장에서 영화를 보느라고 네 문자 메시지를 확인하지 못했어.

바로 연락이 안 와서 많이 기다렸지?

다음부터는 메시지 확인을 자주 하도록 할게.

수진이가

19

Ⅲ.

1. 1) 영화를 보느라고 메시지 확인을 하지 못했다. 다음부터는 자주 확인하도록 하겠다.
   2) 출장을 가느라고 결혼식에 참석하지 못했다. 집들이에는 꼭 가도록 하겠다.
   3) 아르바이트하느라고 약속을 깜빡 잊어버렸다. 앞으로 약속을 잊지 않도록 주의하겠다.

4과 식당에서 있었던 일이다

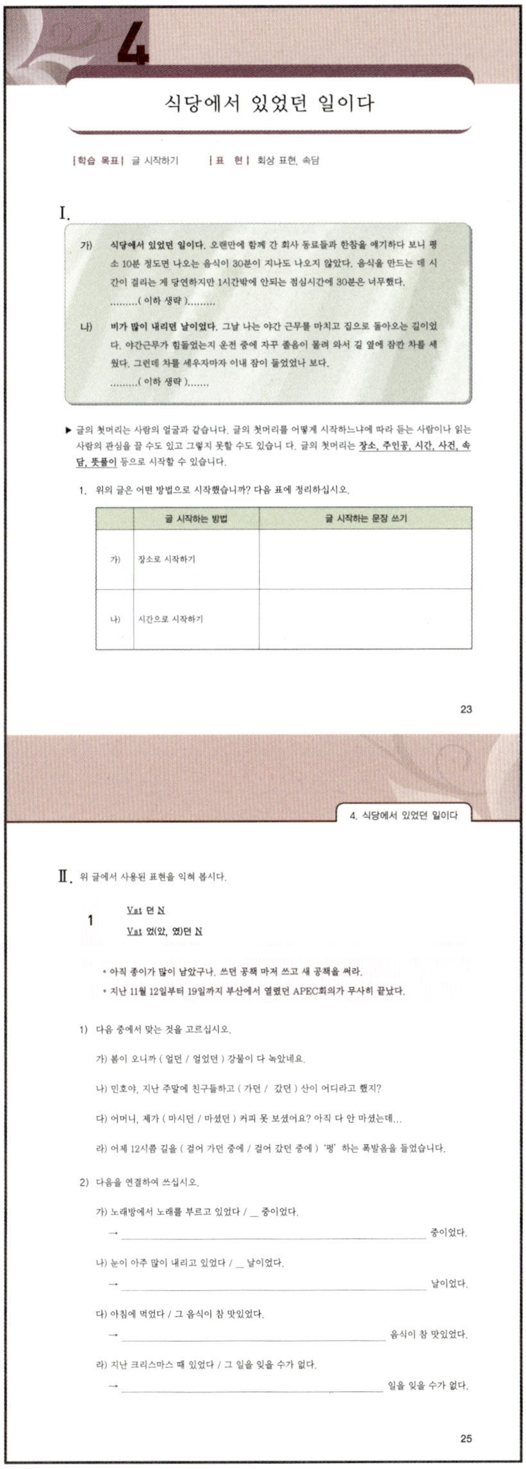

4

식당에서 있었던 일이다

|학습 목표| 글 시작하기 |표 현| 회상 표현, 속담

I.

가) **식당에서 있었던 일이다.** 오랜만에 함께 간 회사 동료들과 한참을 얘기하다 보니 평소 10분 정도면 나오는 음식이 30분이 지나도 나오지 않았다. 음식을 만드는 데 시간이 걸리는 게 당연하지만 1시간밖에 안되는 점심시간에 30분은 너무했다.
.........(이하 생략).........

나) **비가 많이 내리던 날이었다.** 그날 나는 야간 근무를 마치고 집으로 돌아오는 길이었다. 야간근무가 힘들었는지 운전 중에 자꾸 졸음이 몰려 와서 길 옆에 잠깐 차를 세웠다. 그런데 차를 세우자마자 이내 잠이 들었었나 보다.
.........(이하 생략).......

▶ 글의 첫머리는 사람의 얼굴과 같습니다. 글의 첫머리를 어떻게 시작하느냐에 따라 듣는 사람이나 읽는 사람의 관심을 끌 수도 있고 그렇지 못할 수도 있습니 다. 글의 첫머리는 **장소, 주인공, 시간, 사건, 속담, 뜻풀이** 등으로 시작할 수 있습니다.

1. 위의 글은 어떤 방법으로 시작했습니까? 다음 표에 정리하십시오.

	글 시작하는 방법	글 시작하는 문장 쓰기
가)	장소로 시작하기	
나)	시간으로 시작하기	

23

4. 식당에서 있었던 일이다

II. 위 글에서 사용된 표현을 익혀 봅시다.

1 Vst 던 N
Vst 었(았, 였)던 N

• 아직 종이가 많이 남았구나. 쓰던 공책 마저 쓰고 새 공책을 써라.
• 지난 11월 12일부터 19일까지 부산에서 열렸던 APEC회의가 무사히 끝났다.

1) 다음 중에서 맞는 것을 고르십시오.

가) 봄이 오니까 (얼던 / 얼었던) 강물이 다 녹았네요.

나) 민호야, 지난 주말에 친구들하고 (가던 / 갔던) 산이 어디라고 했지?

다) 어머니, 제가 (마시던 / 마셨던) 커피 못 보셨어요? 아직 다 안 마셨는데...

라) 어제 12시쯤 길을 (걸어 가던 중에 / 걸어 갔던 중에) '펑' 하는 폭발음을 들었습니다.

2) 다음을 연결하여 쓰십시오.

가) 노래방에서 노래를 부르고 있었다 / __ 중이었다.
→ ________________ 중이었다.

나) 눈이 아주 많이 내리고 있었다 / __ 날이었다.
→ ________________ 날이었다.

다) 아침에 먹었다 / 그 음식이 참 맛있었다.
→ ________________ 음식이 참 맛있었다.

라) 지난 크리스마스 때 있었다 / 그 일을 잊을 수가 없다.
→ ________________ 일을 잊을 수가 없다.

25

Ⅰ.

1. 가) 식당에서 있었던 일이다.
   나) 비가 많이 내리던 날이었다.

Ⅱ.

1. 1)
   가) 얼었던
   나) 갔던
   다) 마시던
   라) 걸어 가던 중에

   2)
   가) 노래방에서 노래를 부르던
   나) 눈이 아주 많이 내리던
   다) 아침에 먹었던
   라) 지난 크리스마스 때 있었던

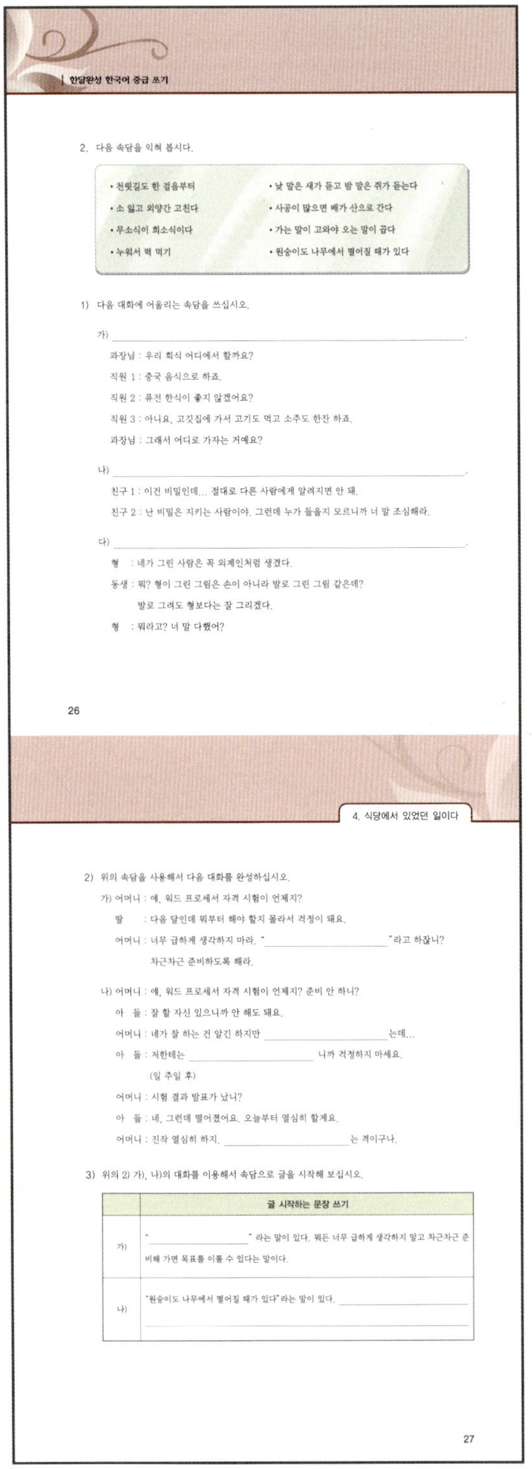

한달완성 한국어 중급 쓰기

2. 다음 속담을 익혀 봅시다.

- 천릿길도 한 걸음부터
- 소 잃고 외양간 고친다
- 무소식이 희소식이다
- 누워서 떡 먹기
- 낮 말은 새가 듣고 밤 말은 쥐가 듣는다
- 사공이 많으면 배가 산으로 간다
- 가는 말이 고와야 오는 말이 곱다
- 원숭이도 나무에서 떨어질 때가 있다

1) 다음 대화에 어울리는 속담을 쓰십시오.

가) ____________________.

과장님 : 우리 회식 어디에서 할까요?
직원 1 : 중국 음식으로 하죠.
직원 2 : 퓨전 한식이 좋지 않겠어요?
직원 3 : 아니요, 고깃집에 가서 고기도 먹고 소주도 한잔 하죠.
과장님 : 그래서 어디로 가자는 거예요?

나) ____________________.

친구 1 : 이건 비밀인데... 절대로 다른 사람에게 알려지면 안 돼.
친구 2 : 난 비밀은 지키는 사람이야. 그런데 누가 들을지 모르니까 너 말 조심해라.

다) ____________________.

형 : 네가 그린 사람은 꼭 외계인처럼 생겼다.
동생 : 뭐? 형이 그린 그림은 손이 아니라 발로 그린 그림 같은데?
발로 그려도 형보다는 잘 그리겠다.
형 : 뭐라고? 너 말 다했어?

26

4. 식당에서 있었던 일이다

2) 위의 속담을 사용해서 다음 대화를 완성하십시오.

가) 어머니 : 얘, 워드 프로세서 자격 시험이 언제지?
딸 : 다음 달인데 뭐부터 해야 할지 몰라서 걱정이 돼요.
어머니 : 너무 급하게 생각하지 마라. "____________"라고 하잖니?
차근차근 준비하도록 해라.

나) 어머니 : 얘, 워드 프로세서 자격 시험이 언제지? 준비 안 하니?
아 들 : 잘 할 자신 있으니까 안 해도 돼요.
어머니 : 네가 잘 하는 건 알긴 하지만 ____________ 는데...
아 들 : 저한테는 ____________ 니까 걱정하지 마세요.
(일 주일 후)
어머니 : 시험 결과 발표가 났니?
아 들 : 네, 그런데 떨어졌어요. 오늘부터 열심히 할게요.
어머니 : 진작 열심히 하지. ____________ 는 격이구나.

3) 위의 2) 가), 나)의 대화를 이용해서 속담으로 글을 시작해 보십시오.

	글 시작하는 문장 쓰기
가)	"____________" 라는 말이 있다. 뭐든 너무 급하게 생각하지 말고 차근차근 준비해 가면 목표를 이룰 수 있다는 말이다.
나)	"원숭이도 나무에서 떨어질 때가 있다"라는 말이 있다. ____________

27

2. 1)

가) 사공이 많으면 배가 산으로 간다

나) 낮 말은 새가 듣고 밤 말은 쥐가 듣는다

다) 가는 말이 고와야 오는 말이 곱다

2)

가) 천릿길도 한 걸음부터라고 하잖니?

나) 원숭이도 나무에서 떨어질 때가 있는데
누워서 떡 먹기니까 걱정하지 마세요.
소 잃고 외양간 고치는 격이구나

3)

나) 천릿길도 한 걸음부터

다) 아무리 잘 하는 사람이라도 실수하는 수가 있다는 말이다.

5과 저는 어학에 소질이 있습니다

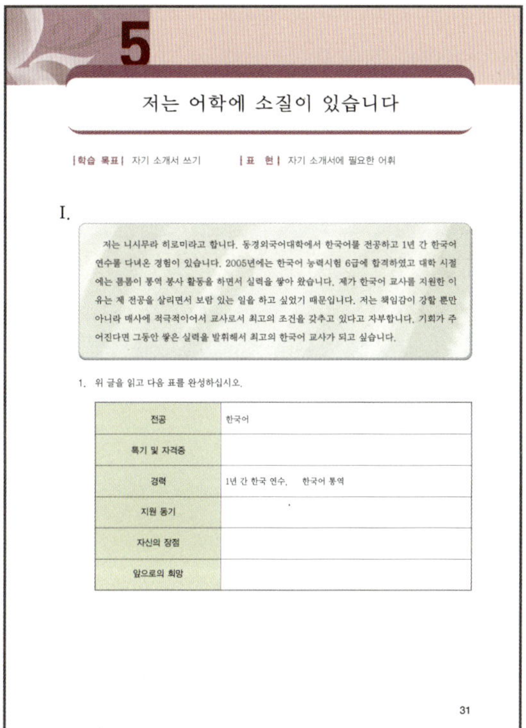

5

저는 어학에 소질이 있습니다

|학습 목표| 자기 소개서 쓰기　　|표　현| 자기 소개서에 필요한 어휘

I.

저는 니시무라 히로미라고 합니다. 동경외국어대학에서 한국어를 전공하고 1년 간 한국어 연수를 다녀온 경험이 있습니다. 2005년에는 한국어 능력시험 6급에 합격하였고 대학 시절에는 틈틈이 통역 봉사 활동을 하면서 실력을 쌓아 왔습니다. 제가 한국어 교사를 지원한 이유는 제 전공을 살리면서 보람 있는 일을 하고 싶었기 때문입니다. 저는 책임감이 강할 뿐만 아니라 매사에 적극적이어서 교사로서 최고의 조건을 갖추고 있다고 자부합니다. 기회가 주어진다면 그동안 쌓은 실력을 발휘해서 최고의 한국어 교사가 되고 싶습니다.

1. 위 글을 읽고 다음 표를 완성하십시오.

전공	한국어
특기 및 자격증	
경력	1년 간 한국 연수,　한국어 통역
지원 동기	
자신의 장점	
앞으로의 희망	

31

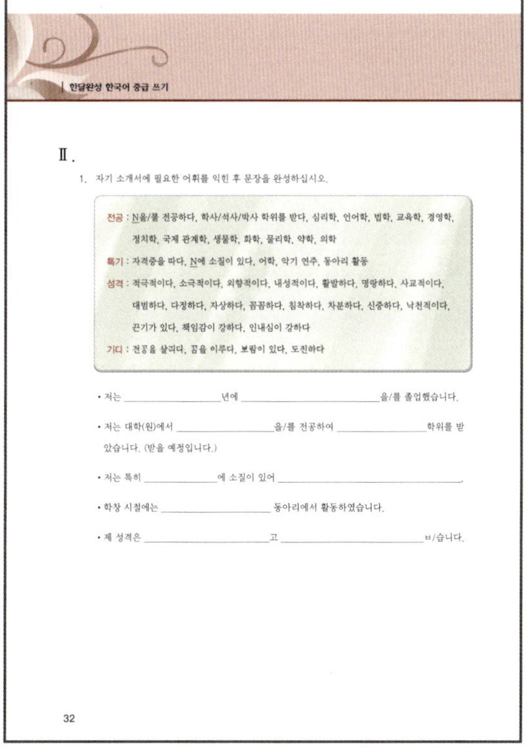

한달완성 한국어 중급 쓰기

Ⅱ.

1. 자기 소개서에 필요한 어휘를 익힌 후 문장을 완성하십시오.

전공 : N을/를 전공하다, 학사/석사/박사 학위를 받다, 심리학, 언어학, 법학, 교육학, 경영학, 정치학, 국제 관계학, 생물학, 화학, 물리학, 약학, 의학
특기 : 자격증을 따다, N에 소질이 있다, 어학, 악기 연주, 동아리 활동
성격 : 적극적이다, 소극적이다, 외향적이다, 내성적이다, 활발하다, 명랑하다, 사교적이다, 대범하다, 다정하다, 자상하다, 꼼꼼하다, 침착하다, 차분하다, 신중하다, 낙천적이다, 끈기가 있다, 책임감이 강하다, 인내심이 강하다
기타 : 전공을 살리다, 꿈을 이루다, 보람이 있다, 도전하다

- 저는 ________ 년에 ________ 을/를 졸업했습니다.
- 저는 대학(원)에서 ________ 을/를 전공하여 ________ 학위를 받았습니다. (받을 예정입니다.)
- 저는 특히 ________ 에 소질이 있어 ________.
- 학창 시절에는 ________ 동아리에서 활동하였습니다.
- 제 성격은 ________ 고 ________ ㅂ/습니다.

32

Ⅱ.

1.

전공	한국어
특기 및 자격증	한국어 능력시험 5급 합격
경력	1년 간 한국 연수,　한국어 통역
지원 동기	전공을 살리면서 보람있는 일을 하려고
자신의 장점	책임감이 강하고 적극적임
앞으로의 희망	최고의 한국어 교사가 되고 싶음

Ⅱ.

1. 저는 2005년에 대학을 졸업했습니다.
   저는 대학에서 국제 관계학을 전공하여 학사 학위를 받았습니다.
   저는 특히 어학에 소질이 있어 영어, 불어, 중국어 실력이 수준급입니다.
   학창 시절에는 테니스 동아리에서 활동하였습니다.
   제 성격은 활발하고 명랑합니다.

6과 내가 새라면

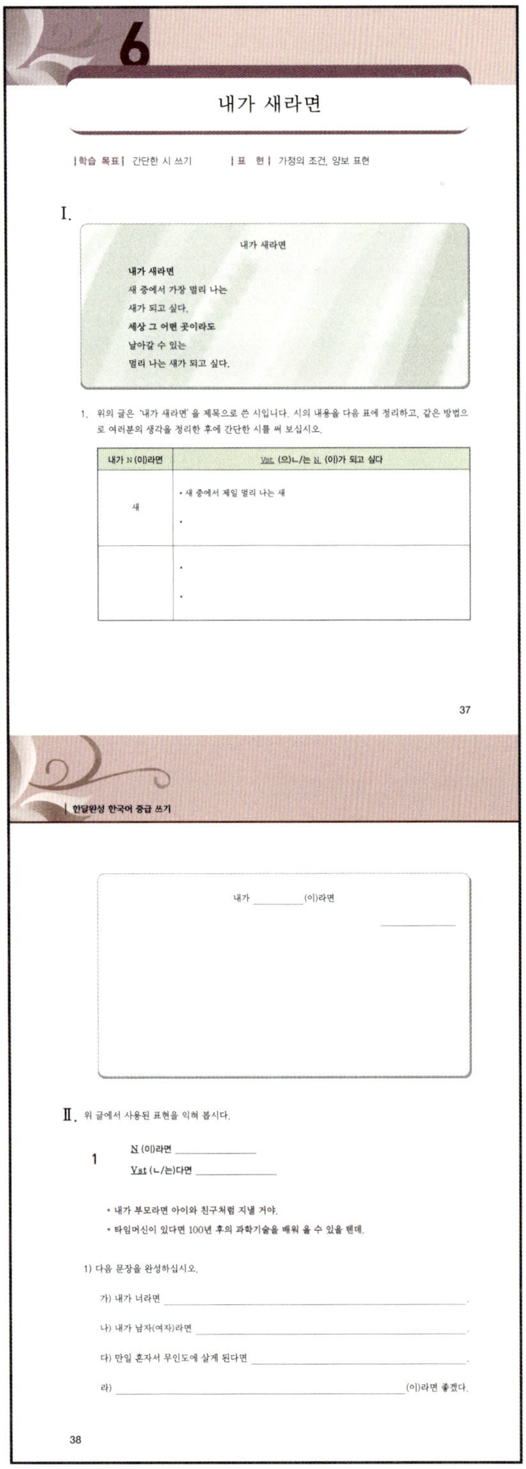

6

내가 새라면

|학습 목표| 간단한 시 쓰기 |표 현| 가정의 조건, 양보 표현

I.

내가 새라면

내가 새라면
새 중에서 가장 멀리 나는
새가 되고 싶다.
세상 그 어떤 곳이라도
날아갈 수 있는
멀리 나는 새가 되고 싶다.

1. 위의 글은 '내가 새라면'을 제목으로 쓴 시입니다. 시의 내용을 다음 표에 정리하고, 같은 방법으로 여러분의 생각을 정리한 후에 간단한 시를 써 보십시오.

내가 N (이)라면	Vst (으)ㄴ/는 N (이)가 되고 싶다
새	• 새 중에서 제일 멀리 나는 새 •
	• •

37

한달완성 한국어 중급 쓰기

내가 ______(이)라면

II. 위 글에서 사용된 표현을 익혀 봅시다.

1 N (이)라면 ______
Vst (ㄴ/는)다면 ______

• 내가 부모라면 아이와 친구처럼 지낼 거야.
• 타임머신이 있다면 100년 후의 과학기술을 배워 올 수 있을 텐데.

1) 다음 문장을 완성하십시오.

가) 내가 너라면 ______.

나) 내가 남자(여자)라면 ______.

다) 만일 혼자서 무인도에 살게 된다면 ______.

라) ______(이)라면 좋겠다.

38

I.

1. 세상 그 어떤 곳이라도 날아갈 수 있는 새

II.

1.

1) 가) 현재의 생활에 더 감사하면서 살았을 거야.
나) 혼자 여행을 떠나고 싶다.(치마를 입어보고 싶다.)
다) 얼마나 외로울까?
라) 다음 주가 방학이라면 좋겠다.

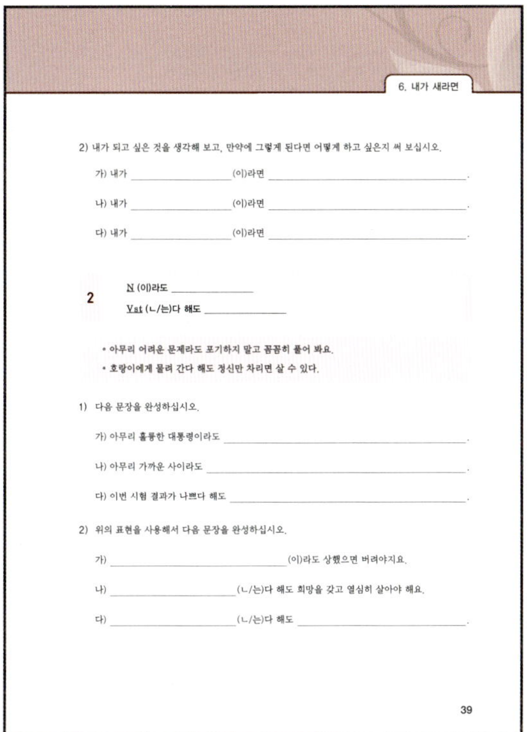

6. 내가 새라면

2) 내가 되고 싶은 것을 생각해 보고, 만약에 그렇게 된다면 어떻게 하고 싶은지 써 보십시오.

가) 내가 ________(이)라면 ________.

나) 내가 ________(이)라면 ________.

다) 내가 ________(이)라면 ________.

2 N (이)라도 ________ / Vst (ㄴ/는)다 해도 ________

- 아무리 어려운 문제라도 포기하지 말고 꼼꼼히 풀어 봐요.
- 호랑이에게 물려 간다 해도 정신만 차리면 살 수 있다.

1) 다음 문장을 완성하십시오.

가) 아무리 훌륭한 대통령이라도 ________.

나) 아무리 가까운 사이라도 ________.

다) 이번 시험 결과가 나쁘다 해도 ________.

2) 위의 표현을 사용해서 다음 문장을 완성하십시오.

가) ________(이)라도 상했으면 버려야지요.

나) ________(ㄴ/는)다 해도 희망을 갖고 열심히 살아야 해요.

다) ________(ㄴ/는)다 해도 ________.

39

2.

1) 가) 모든 국민을 만족시키는 어렵다.

나) 예의를 지켜야 한다고 생각한다.

다) 실망하지 않고 열심히 하겠다.

2) 가) 아무리 맛있는 음식이라도

나) 사는 게 힘들다 해도

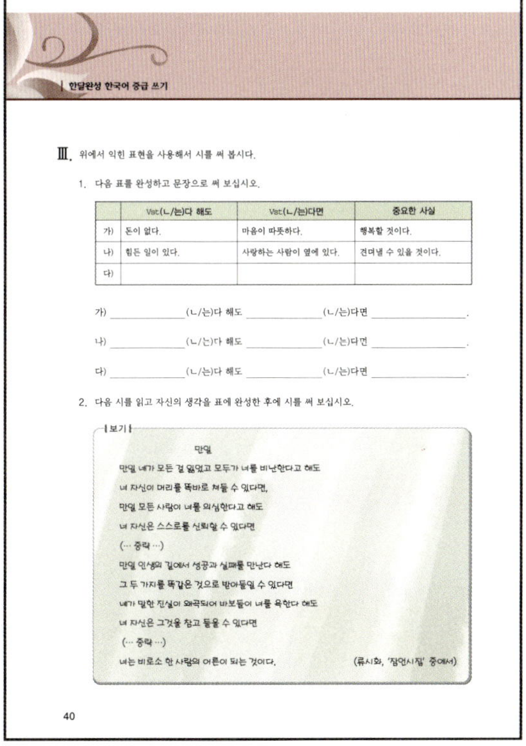

한달완성 한국어 중급 쓰기

Ⅲ. 위에서 익힌 표현을 사용해서 시를 써 봅시다.

1. 다음 표를 완성하고 문장으로 써 보십시오.

	Vst(ㄴ/는)다 해도	Vst(ㄴ/는)다면	중요한 사실
가)	돈이 없다.	마음이 따뜻하다.	행복할 것이다.
나)	힘든 일이 있다.	사랑하는 사람이 옆에 있다.	견뎌낼 수 있을 것이다.
다)			

가) ________(ㄴ/는)다 해도 ________(ㄴ/는)다면 ________.

나) ________(ㄴ/는)다 해도 ________(ㄴ/는)다면 ________.

다) ________(ㄴ/는)다 해도 ________(ㄴ/는)다면 ________.

2. 다음 시를 읽고 자신의 생각을 표에 완성한 후에 시를 써 보십시오.

보기

만일

만일 네가 모든 걸 잃었고 모두가 너를 비난한다고 해도
너 자신이 머리를 똑바로 쳐들 수 있다면,
만일 모든 사람이 너를 의심한다고 해도
너 자신은 스스로를 신뢰할 수 있다면
(… 중략 …)
만일 인생의 길에서 성공과 실패를 만난다 해도
그 두 가지를 똑같은 것으로 받아들일 수 있다면
네가 말한 진실이 왜곡되어 바보들이 너를 욕한다 해도
너 자신은 그것을 참고 들을 수 있다면
(… 중략 …)
너는 비로소 한 사람의 어른이 되는 것이다.

(류시화, '잠언시집' 중에서)

40

Ⅲ.

1. 가) 돈이 없다 해도 마음이 따뜻하다면 행복할 것이다.

나) 힘든 일이 있다 해도 사랑하는 사람이 옆에 있다면 견뎌낼 수 있을 것이다.

7과 30대의 결혼율이 증가한 것으로 밝혀졌다

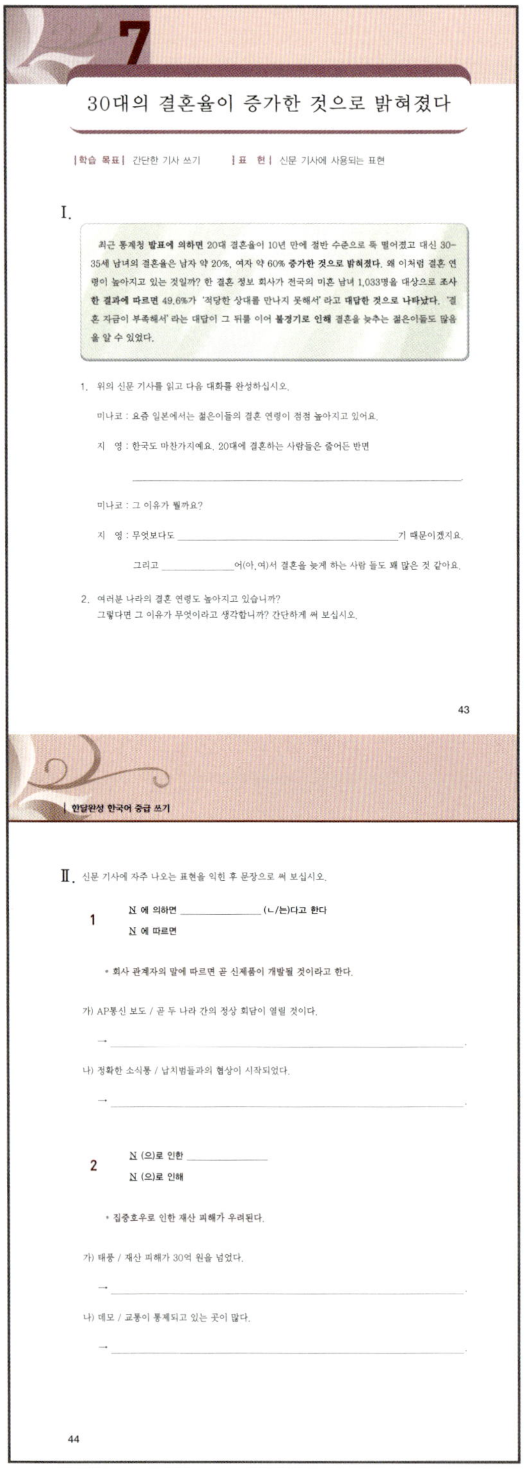

7

30대의 결혼율이 증가한 것으로 밝혀졌다

|학습 목표| 간단한 기사 쓰기 |표 현| 신문 기사에 사용되는 표현

I.

최근 통계청 **발표에 의하면** 20대 결혼율이 10년 만에 절반 수준으로 뚝 떨어졌고 대신 30-35세 남녀의 결혼율은 남자 약 20%, 여자 약 60% **증가한 것으로 밝혀졌다.** 왜 이처럼 결혼 연령이 높아지고 있는 것일까? 한 결혼 정보 회사가 전국의 미혼 남녀 1,033명을 대상으로 **조사한 결과에 따르면** 49.6%가 '적당한 상대를 만나지 못해서' 라고 **대답한 것으로 나타났다.** '결혼 자금이 부족해서' 라는 대답이 그 뒤를 이어 **불경기로 인해** 결혼을 늦추는 젊은이들도 많음을 알 수 있었다.

1. 위의 신문 기사를 읽고 다음 대화를 완성하십시오.

미나코 : 요즘 일본에서는 젊은이들의 결혼 연령이 점점 높아지고 있어요.

지 영 : 한국도 마찬가지예요. 20대에 결혼하는 사람들은 줄어든 반면

______________________________.

미나코 : 그 이유가 뭘까요?

지 영 : 무엇보다도 ______________________기 때문이겠지요.

그리고 __________어(아,여)서 결혼을 늦게 하는 사람 들도 꽤 많은 것 같아요.

2. 여러분 나라의 결혼 연령도 높아지고 있습니까?
그렇다면 그 이유가 무엇이라고 생각합니까? 간단하게 써 보십시오.

43

| 한달완성 한국어 중급 쓰기

Ⅱ. 신문 기사에 자주 나오는 표현을 익힌 후 문장으로 써 보십시오.

1
N 에 의하면 __________(ㄴ/는)다고 한다
N 에 따르면

* 회사 관계자의 말에 따르면 곧 신제품이 개발될 것이라고 한다.

가) AP통신 보도 / 곧 두 나라 간의 정상 회담이 열릴 것이다.

→ ______________________________.

나) 정확한 소식통 / 납치범들과의 협상이 시작되었다.

→ ______________________________.

2
N (으)로 인한 __________
N (으)로 인해

* 집중호우로 인한 재산 피해가 우려된다.

가) 태풍 / 재산 피해가 30억 원을 넘었다.

→ ______________________________.

나) 데모 / 교통이 통제되고 있는 곳이 많다.

→ ______________________________.

44

Ⅰ.

1. 지영 : 한국도 마찬가지예요. 20대에 결혼하는 사람들은 줄어든 반면 30대의 결혼율은 증가하고 있어요.

   지영 : 무엇보다도 적당한 상대를 만나지 못했기 때문이겠지요.
   그리고 결혼 자금이 부족해서 결혼을 늦게 하는 사람들도 꽤 많은 것 같아요.

Ⅱ.

1. 가) AP통신 보도에 따르면 곧 두 나라 간의 정상 회담이 열릴 것이라고 한다.
   나) 정확한 소식통에 의하면 납치범들과의 협상이 시작되었다고 한다.

2. 가) 태풍으로 인한 재산 피해가 30억 원을 넘었다.
   나) 데모로 인해 교통이 통제되고 있는 곳이 많다.

7. 30대의 결혼율이 증가한 것으로 밝혀졌다

3
Vst (으)ㄹ 전망이다
Vst (으)ㄹ 것으로 보인다
Vst (으)ㄹ 것으로 예상된다
Vst (으)ㄹ 것으로 내다보고 있다

* 올 하반기에는 물가가 안정될 전망이다.

가) 이번 경기에서 한국 대표 팀이 승리할 것 같다.

→ ＿＿＿＿＿＿＿＿.

나) 기상청은 주말쯤 평년 기온을 회복할 것이라고 한다.

→ ＿＿＿＿＿＿＿＿.

4
Vst (으)ㄴ/는 것으로 밝혀졌다
Vst (으)ㄴ/는 것으로 드러났다
Vst (으)ㄴ/는 것으로 나타났다
Vst (으)ㄴ/는 것으로 알려졌다

* 미혼 여성들은 배우자의 능력을 중시하는 것으로 나타났다.

가) 범인은 이달 초 미국으로 출국했다.

→ ＿＿＿＿＿＿＿＿.

나) 조사 결과 사고의 원인은 음주 운전이었다.

→ ＿＿＿＿＿＿＿＿.

45

3. 가) 이번 경기에서 한국 대표 팀이 승리할 것으로 보인다.
   나) 기상청은 주말쯤 평년 기온을 회복할 것으로 내다보고 있다.

4. 가) 범인은 이달 초 미국으로 출국한 것으로 밝혀졌다.
   나) 조사 결과 사고의 원인은 음주 운전인 것으로 드러났다.

한달완성 한국어 중급 쓰기

다) 한국 대학생들은 취업에 가장 큰 관심을 가지고 있다.

→ ＿＿＿＿＿＿＿＿.

라) 북한은 다른 기업에도 비슷한 제안을 했다.

→ ＿＿＿＿＿＿＿＿.

5 Vst (으)ㄴ/는 반면 ＿＿＿＿

* 대형 할인점은 매출이 증가한 반면 재래 시장의 매출은 크게 감소했다.

가) 남학생은 배우자의 외모를 중시하다 / 여학생은 배우자의 능력을 중시한다.

→ ＿＿＿＿＿＿＿＿.

나) 한국인의 해외 여행은 증가했다 / 외국인의 한국 방문은 감소했다.

→ ＿＿＿＿＿＿＿＿.

6
N 이/가 N 을/를 차지했다
차지하고 있다

* 춘천을 방문하는 외국인 관광객의 65%는 여성이 차지하고 있다.

가) 금주의 시청률 조사에서 '100분 토론' 이 1위를 했다.

→ ＿＿＿＿＿＿＿＿.

나) 배우자의 외모가 중요하다는 대답이 전체의 32%였다.

→ ＿＿＿＿＿＿＿＿.

46

다) 한국 대학생들은 취업에 가장 큰 관심을 가지고 있는 것으로 나타났다.
라) 북한은 다른 기업에도 비슷한 제안을 한 것으로 알려졌다.

5. 가) 남학생은 배우자의 외모를 중시하는 반면 여학생은 배우자의 능력을 중시한다.
   나) 한국인의 해외 여행은 증가한 반면 외국인의 한국 방문은 감소했다.

6. 가) 금주의 시청률 조사에서 '100분 토론' 이 1위를 차지했다.
   나) 배우자의 외모가 중요하다는 대답이 전체의 32%를 차지했다.

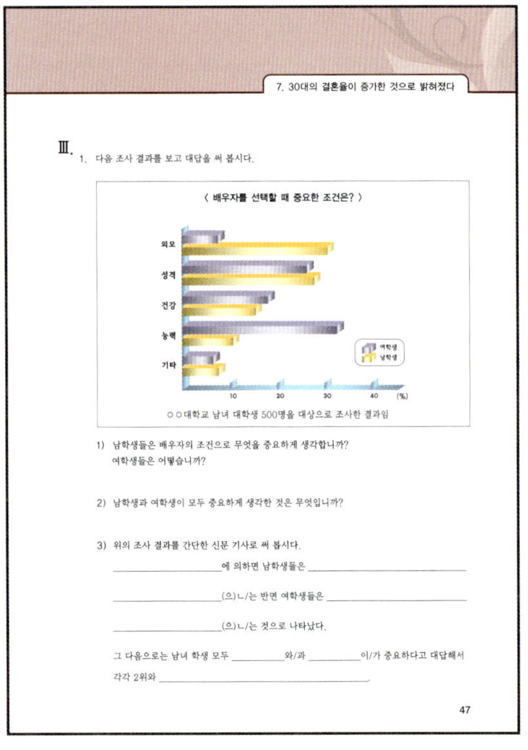
7. 30대의 결혼율이 증가한 것으로 밝혀졌다

Ⅲ. 1. 다음 조사 결과를 보고 대답을 써 봅시다.

〈 배우자를 선택할 때 중요한 조건은? 〉

○○대학교 남녀 대학생 500명을 대상으로 조사한 결과임

1) 남학생들은 배우자의 조건으로 무엇을 중요하게 생각합니까?
여학생들은 어떻습니까?

2) 남학생과 여학생이 모두 중요하게 생각한 것은 무엇입니까?

3) 위의 조사 결과를 간단한 신문 기사로 써 봅시다.

_______________에 의하면 남학생들은 _______________

_______________(으)ㄴ/는 반면 여학생들은 _______________

_______________(으)ㄴ/는 것으로 나타났다.

그 다음으로는 남녀 학생 모두 ________와/과 ________이/가 중요하다고 대답해서 각각 2위와 _______________.

47

Ⅲ.

1. 1) 남학생들은 배우자의 외모를 중요하게 생각하고 여학생들은 배우자의 능력을 중요하게 생각한다.

2) 성격

3) ○○대학교 남녀 대학생 500명을 대상으로 조사한 결과에 의하면 남학생들은 배우자의 외모를 중시하는 반면 여학생들은 배우자의 능력을 중시하는 것으로 나타났다. 그 다음으로는 남녀 학생 모두 성격과 건강이 중요하다고 대답해서 각각 2위와 3위를 차지했다.

8과 출산율이 1.16명으로 떨어졌다

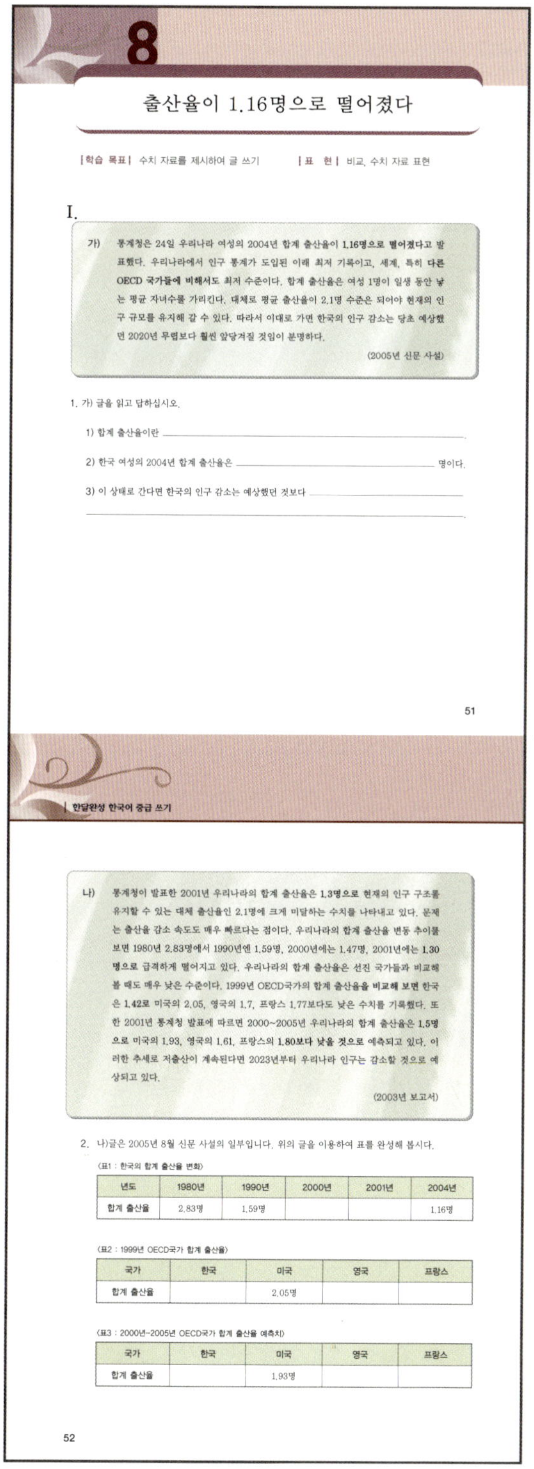

8

출산율이 1.16명으로 떨어졌다

[학습 목표] 수치 자료를 제시하여 글 쓰기 **[표 현]** 비교, 수치 자료 표현

I.

가) 통계청은 24일 우리나라 여성의 2004년 합계 출산율이 **1.16명으로 떨어졌다고** 발표했다. 우리나라에서 인구 통계가 도입된 이래 최저 기록이고, 세계, 특히 **다른 OECD 국가들에 비해서도** 최저 수준이다. 합계 출산율은 여성 1명이 일생 동안 낳는 평균 자녀수를 가리킨다. 대체로 평균 출산율이 2.1명 수준은 되어야 현재의 인구 규모를 유지해 갈 수 있다. 따라서 이대로 가면 한국의 인구 감소는 당초 예상했던 2020년 무렵보다 **훨씬 앞당겨질** 것임이 분명하다.

(2005년 신문 사설)

1. 가) 글을 읽고 답하십시오.

1) 합계 출산율이란 __________.

2) 한국 여성의 2004년 합계 출산율은 __________ 명이다.

3) 이 상태로 간다면 한국의 인구 감소는 예상했던 것보다 __________.

51

한달완성 한국어 중급 쓰기

나) 통계청이 발표한 2001년 우리나라의 합계 출산율은 **1.3명으로** 현재의 인구 구조를 유지할 수 있는 대체 출산율인 2.1명에 크게 미달하는 수치를 나타내고 있다. 문제는 출산율 감소 속도도 매우 빠르다는 점이다. 우리나라의 합계 출산율 변동 추이를 보면 1980년 2.83명에서 1990년엔 1.59명, 2000년에는 1.47명, 2001년에는 1.30명으로 급격하게 떨어지고 있다. 우리나라의 합계 출산율은 선진 국가들과 비교해 볼 때도 매우 낮은 수준이다. 1999년 OECD국가의 합계 출산율을 **비교해 보면** 한국은 **1.42로** 미국의 2.05, 영국의 1.7, 프랑스 1.77보다도 낮은 수치를 기록했다. 또한 2001년 통계청 발표에 따르면 2000~2005년 우리나라의 합계 출산율은 **1.5명으로** 미국의 1.93, 영국의 1.61, 프랑스의 **1.80보다 낮을 것으로** 예측되고 있다. 이러한 추세로 저출산이 계속된다면 2023년부터 우리나라 인구는 감소할 것으로 예상되고 있다.

(2003년 보고서)

2. 나)글은 2005년 8월 신문 사설의 일부입니다. 위의 글을 이용하여 표를 완성해 봅시다.

〈표1 : 한국의 합계 출산율 변화〉

년도	1980년	1990년	2000년	2001년	2004년
합계 출산율	2.83명	1.59명			1.16명

〈표2 : 1999년 OECD국가 합계 출산율〉

국가	한국	미국	영국	프랑스
합계 출산율		2.05명		

〈표3 : 2000년-2005년 OECD국가 합계 출산율 예측치〉

국가	한국	미국	영국	프랑스
합계 출산율		1.93명		

52

Ⅰ.

1. 1) 여성 한 명이 일생동안 낳는 평균 자녀수를 말한다.

   2) 1.16

   3) 훨씬 앞당겨질 것이다.

2.

〈표1 : 한국의 합계 출산율 변화〉

년도	1980년	1990년	2000년	2001년	2004년
합계 출산율	2.83명	1.59명	1.47명	1.30명	1.16명

〈표2 : 1999년 OECD국가 합계 출산율〉

국가	한국	미국	영국	프랑스
합계 출산율	1.42명	2.05명	1.7명	1.77명

〈표3 : 2000년-2005년 OECD국가 합계 출산율 예측치〉

국가	한국	미국	영국	프랑스
합계 출산율	1.5명	1.93명	1.61명	1.80명

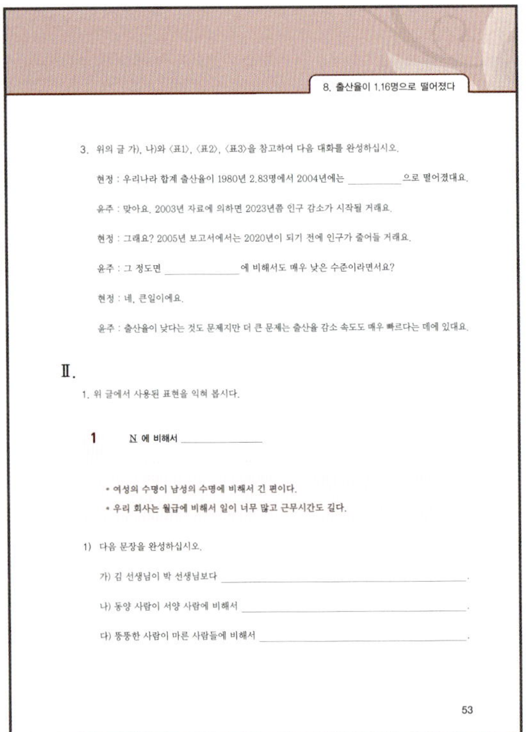

8. 출산율이 1.16명으로 떨어졌다

3. 위의 글 가), 나)와 〈표1〉, 〈표2〉, 〈표3〉을 참고하여 다음 대화를 완성하십시오.

현정 : 우리나라 합계 출산율이 1980년 2.83명에서 2004년에는 ________으로 떨어졌대요.

윤주 : 맞아요. 2003년 자료에 의하면 2023년쯤 인구 감소가 시작될 거래요.

현정 : 그래요? 2005년 보고서에서는 2020년이 되기 전에 인구가 줄어들 거래요.

윤주 : 그 정도면 ________에 비해서도 매우 낮은 수준이라면서요?

현정 : 네, 큰일이에요.

윤주 : 출산율이 낮다는 것도 문제지만 더 큰 문제는 출산율 감소 속도도 매우 빠르다는 데에 있대요.

Ⅱ.

1. 위 글에서 사용된 표현을 익혀 봅시다.

1 **N 에 비해서** ________

- **여성의 수명이 남성의 수명에 비해서 긴 편이다.**
- **우리 회사는 월급에 비해서 일이 너무 많고 근무시간도 길다.**

1) 다음 문장을 완성하십시오.

가) 김 선생님이 박 선생님보다 ________.

나) 동양 사람이 서양 사람에 비해서 ________.

다) 뚱뚱한 사람이 마른 사람들에 비해서 ________.

53

3. 가 : 1.16명
   나 : 다른 선진 국가

Ⅱ.

1. 1)
   가) 세 살이 많아요.
   나) 키가 작아요.
   다) 땀을 많이 흘려요.

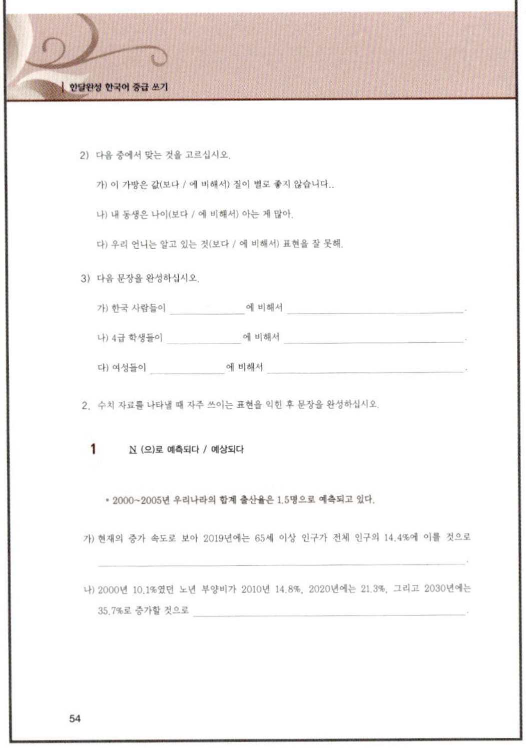

한달완성 한국어 중급 쓰기

2) 다음 중에서 맞는 것을 고르십시오.

가) 이 가방은 값(보다 / 에 비해서) 질이 별로 좋지 않습니다..

나) 내 동생은 나이(보다 / 에 비해서) 아는 게 많아.

다) 우리 언니는 알고 있는 것(보다 / 에 비해서) 표현을 잘 못해.

3) 다음 문장을 완성하십시오.

가) 한국 사람들이 ________에 비해서 ________.

나) 4급 학생들이 ________에 비해서 ________.

다) 여성들이 ________에 비해서 ________.

2. 수치 자료를 나타낼 때 자주 쓰이는 표현을 익힌 후 문장을 완성하십시오.

1 **N (으)로 예측되다 / 예상되다**

- **2000~2005년 우리나라의 합계 출산율은 1.5명으로 예측되고 있다.**

가) 현재의 증가 속도로 보아 2019년에는 65세 이상 인구가 전체 인구의 14.4%에 이를 것으로 ________.

나) 2000년 10.1%였던 노년 부양비가 2010년 14.8%, 2020년에는 21.3%, 그리고 2030년에는 35.7%로 증가할 것으로 ________.

54

2)
가) 에 비해서
나) 에 비해서
다) 에 비해서

3)
가) 일본 사람들에 비해서 매운 걸 잘 먹어요.
나) 3급 학생들에 비해서 말을 유창하게 해요.
다) 남성들에 비해서 오래 사는 것 같아요.

2. 1)
   가) 예측된다
   나) 예상된다

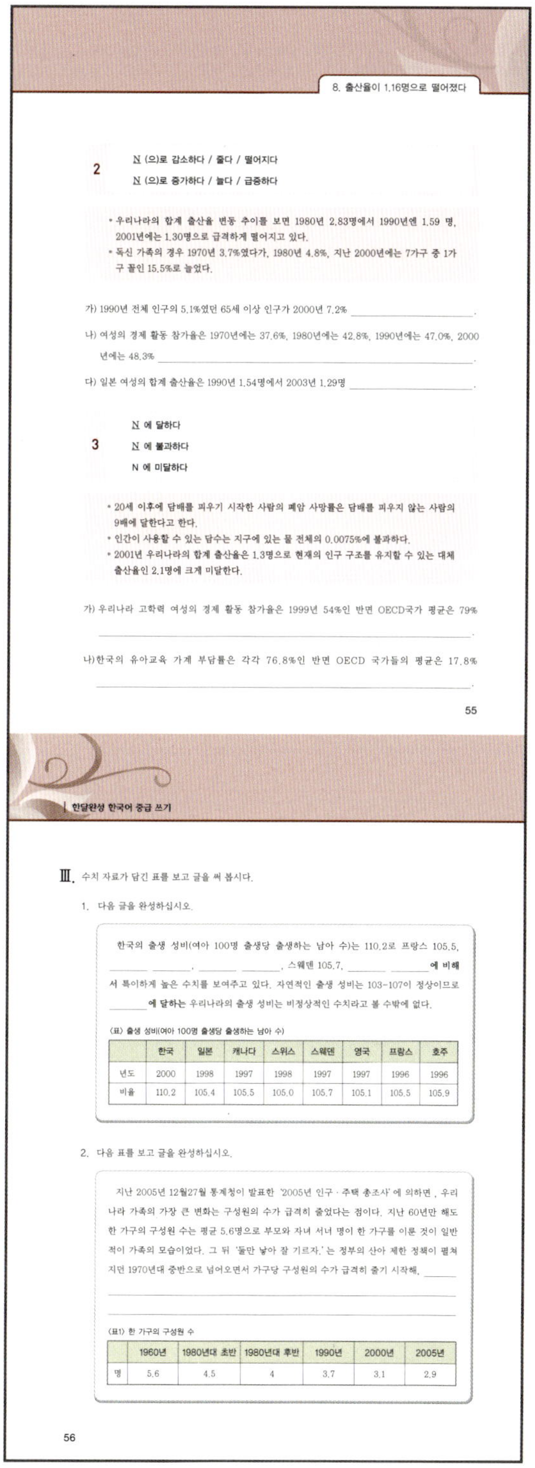
8. 출산율이 1.16명으로 떨어졌다

2

N (으)로 감소하다 / 줄다 / 떨어지다

N (으)로 증가하다 / 늘다 / 급증하다

- 우리나라의 합계 출산율 변동 추이를 보면 1980년 2.83명에서 1990년엔 1.59 명, 2001년에는 1.30명으로 급격하게 떨어지고 있다.
- 독신 가족의 경우 1970년 3.7%였다가, 1980년 4.8%, 지난 2000년에는 7가구 중 1가구 꼴인 15.5%로 늘었다.

가) 1990년 전체 인구의 5.1%였던 65세 이상 인구가 2000년 7.2% ________________.

나) 여성의 경제 활동 참가율은 1970년에는 37.6%, 1980년에는 42.8%, 1990년에는 47.0%, 2000년에는 48.3% ________________.

다) 일본 여성의 합계 출산율은 1990년 1.54명에서 2003년 1.29명 ________________.

3

N 에 달하다

N 에 불과하다

N 에 미달하다

- 20세 이후에 담배를 피우기 시작한 사람의 폐암 사망률은 담배를 피우지 않는 사람의 9배에 달한다고 한다.
- 인간이 사용할 수 있는 담수는 지구에 있는 물 전체의 0.0075%에 불과하다.
- 2001년 우리나라의 합계 출산율은 1.3명으로 현재의 인구 구조를 유지할 수 있는 대체 출산율인 2.1명에 크게 미달한다.

가) 우리나라 고학력 여성의 경제 활동 참가율은 1999년 54%인 반면 OECD국가 평균은 79% ________________.

나)한국의 유아교육 가계 부담률은 각각 76.8%인 반면 OECD 국가들의 평균은 17.8% ________________.

55

한달완성 한국어 중급 쓰기

Ⅲ. 수치 자료가 담긴 표를 보고 글을 써 봅시다.

1. 다음 글을 완성하십시오.

한국의 출생 성비(여아 100명 출생당 출생하는 남아 수)는 110.2로 프랑스 105.5, ______ ______, ______ ______, 스웨덴 105.7, ______ ______**에 비해서** 특이하게 높은 수치를 보여주고 있다. 자연적인 출생 성비는 103-107이 정상이므로 ______**에 달하는** 우리나라의 출생 성비는 비정상적인 수치라고 볼 수밖에 없다.

〈표〉 출생 성비(여아 100명 출생당 출생하는 남아 수)

	한국	일본	캐나다	스위스	스웨덴	영국	프랑스	호주
년도	2000	1998	1997	1998	1997	1997	1996	1996
비율	110.2	105.4	105.5	105.0	105.7	105.1	105.5	105.9

2. 다음 표를 보고 글을 완성하십시오.

지난 2005년 12월27월 통계청이 발표한 '2005년 인구 · 주택 총조사' 에 의하면 , 우리나라 가족의 가장 큰 변화는 구성원의 수가 급격히 줄었다는 점이다. 지난 60년만 해도 한 가구의 구성원 수는 평균 5.6명으로 부모와 자녀 서너 명이 한 가구를 이룬 것이 일반적이 가족의 모습이었다. 그 뒤 '둘만 낳아 잘 기르자.' 는 정부의 산아 제한 정책이 펼쳐지던 1970년대 중반으로 넘어오면서 가구당 구성원의 수가 급격히 줄기 시작해, ______

〈표1〉 한 가구의 구성원 수

	1960년	1980년대 초반	1980년대 후반	1990년	2000년	2005년
명	5.6	4.5	4	3.7	3.1	2.9

56

2)

가) 로 늘었다

나) 로 증가했다

다) 으로 감소했다

3)

가) 에 달한다

나) 에 불과하다

Ⅲ.

1. 일본 105.4, 캐나다 105.5, (스위스 105.0, 영국 105.1) 호주 105.9, 110.2

9과 우산을 가지고 나왔더라면

9 우산을 가지고 나왔더라면

|학습 목표| 경험담 쓰기 **|표 현|** 후회 표현

I.

> 얼마 전 대기업 입사 시험을 보는 날이었다.
> 나는 아침부터 늑장을 부리다가 겨우 집을 나섰다.
> 그런데 택시를 기다리고 있을 때 굵은 빗방울이 떨어지기 시작했다.
> 어머니 말씀을 듣지 않고 **우산을 안 가지고 나온 게 후회가 됐다.**
>
> 면접 장소에 도착하니 정신이 없고 무척 긴장이 되었다.
> 면접관들 앞에서 다른 지원자들과 함께 영어로 토론을 한 것이 제일 어려웠다.
> **대학 때 영어 공부를 열심히 했더라면 자신 있게 말할 수 있었을 것이다.**
>
> 힘들게 면접을 마치고 길을 걷고 있는데 누군가 뒤에서 나를 불렀다.
> 대학 3학년 때 나를 짝사랑하던 연주가 멋진 남자와 팔짱을 끼고 서 있었다.
> 그 때는 연주가 내 이상형이 아니라고 생각했는데 오랜만에 보니 몰라보게 예뻐지고 자신감이 넘쳐 보였다.
> **'내가 연주의 진심을 받아들였더라면 내 여자 친구가 되어 있을 텐데'** 라고 생각하니 속이 상했다.

1. 위 글에서 이 사람은 무엇에 대하여 후회하고 있습니까?
다음 표를 완성하십시오.

잘못한 일	결과
	비를 맞았다.
대학 때 영어 공부를 열심히 안 했다.	
	지금 여자 친구가 없다.

59

Ⅱ.

1.

잘못한 일	결과
우산을 안 가지고 나왔다.	비를 맞았다.
대학 때 영어 공부를 열심히 안 했다.	영어 토론을 잘 할 수 없었다.
연주의 진심을 받아들이지 않았다.	지금 여자 친구가 없다.

| 한달완성 한국어 중급 쓰기

Ⅱ. 위 글에서 사용된 표현을 익혀 봅시다.

1 Vst 었(았,였)더라면 Vst 었(았,였)을 텐데
Vst 었(았,였)을 것이다

- 조금 일찍 출발했더라면 지각하지 않았을 것이다.
- 내일부터 세일이 시작되는 줄 알았더라면 오늘 백화점에 안 갔을 텐데.

1) 다음 문장을 완성하십시오.

가) 교사 : 지난 주에 본 시험 결과가 나쁘군요.
은영 : ____________ 었(았,였)더라면 ____________ 었(았,였)을 텐데.

나) 형 : 네가 어머니 충고를 듣지 않아서 이런 일이 생긴 거야.
동생 : ____________ 었(았,였)더라면 ____________ 었(았,였)을 텐데.

다) 직원 : 죄송해서 어쩌죠? 원하시는 좌석은 매진되었는데요.
손님 : ________________________.

2) 다음 상황에 맞게 문장을 쓰십시오.

가) 다른 회사로 옮길 기회가 있었는데 망설이다가 기회를 놓쳤다. 요즘 내가 왜 그랬을까 후회하고 있다.
→ ____________ 었(았,였)더라면 ____________ 었(았,였)을 것이다.

나) 어렸을 때 수영을 조금 배우다가 그만 뒀다. 얼마 전에 친구들과 바닷가에 가서 나만 혼자 짐을 지키고 있었다.
→ ____________ 었(았,였)더라면 ____________ 었(았,였)을 것이다.

다) 얼마 전에 여자 친구에게 거짓말을 해서 크게 싸우고 헤어졌다. 솔직하지 못했던 게 너무 후회된다.
→ ____________ 었(았,였)더라면 ____________ 었(았,였)을 것이다.

60

Ⅱ.

1. 1)

가) 열심히 공부했더라면 잘 볼 수 있었을 텐데.

나) 어머니 말씀을 들었더라면 이런 일이 생기지 않았을 텐데.

다) 미리 예매했더라면 좋았을 텐데.

2)

가) 그때 망설이지 않았더라면 좋은 회사에 다닐 수 있었을 것이다.

나) 수영을 계속 배웠더라면 짐을 지키는 신세는 면했을 것이다.

다) 거짓말을 안 했더라면 헤어지지 않았을 것이다.

10과 창덕궁만큼 아름다운 곳이 없는 것 같다

1. 위 글은 서울에서 다녀온 곳에 대한 글입니다. 다음 표에 내용을 정리하십시오.

	다녀온 곳	느 낌	이 유
가)	국립중앙박물관	대단하다.	• 전시품이 많다. •
나)			• •

2. 서울에서 가 본 곳 중에서 인상적이었던 곳을 다음 표에 정리하고 간단히 소개하는 글을 쓰십시오. (서울에서 가 본 곳이 없다면 다른 도시, 다른 나라에서 가 본 곳을 쓰십시오.)

1)

다녀온 곳	느 낌	이 유
		• •
		• •

2) ______________________

Ⅱ. 위 글에서 사용된 표현을 익혀 봅시다.

1 N (이)며 N (이)며 ______

• 가방 속에 지갑이며 여권이며 다 들어 있다.
• 학생식당에는 비빔밥이며 김치찌개며 싸고 맛있는 음식이 많다.

1) 다음 문장을 완성하십시오.

가) 영수 씨는 ______(이)며 ______(이)며 다 잘 한다.

나) 백화점에는 ______(이)며 ______(이)며 없는 물건이 없다.

다) 한국말 공부는 ______(이)며 ______(이)며 다 어렵습니다.

2) 다음 문장을 완성하십시오.

이태원 근처에는 ______(이)며 ______(이)며 여러 나라 식당이 모여 있다. 그래서 주말마다 여러 나라의 음식을 맛볼 수 있기 때문에 좋다. 그리고 이태원에서는 ______(이)며 ______(이)며 여러 나라 물건을 살 수 있다. 이태원에는 여러 나라 사람이 살고 있기 때문이다.

3) 위의 2) 글과 같이 어떤 곳을 소개하는 글을 간단히 써 보십시오.

____

Ⅰ.

1.

	다녀온 곳	느 낌	이 유
가)	국립중앙박물관	대단하다.	• 전시품이 많다. • 다 구경하려면 11시간 이상이 걸린다.
나)	창덕궁	서울에서 제일 아름답다.	• 경치가 아름답다. • 건물이 아름답다.

Ⅱ.

1. 1)

가) 운동이며, 공부며

나) 옷이며, 가방이며

다) 발음이며, 문법이며

2) 인도 식당이며, 태국 식당이며,
음식이며, 술이며

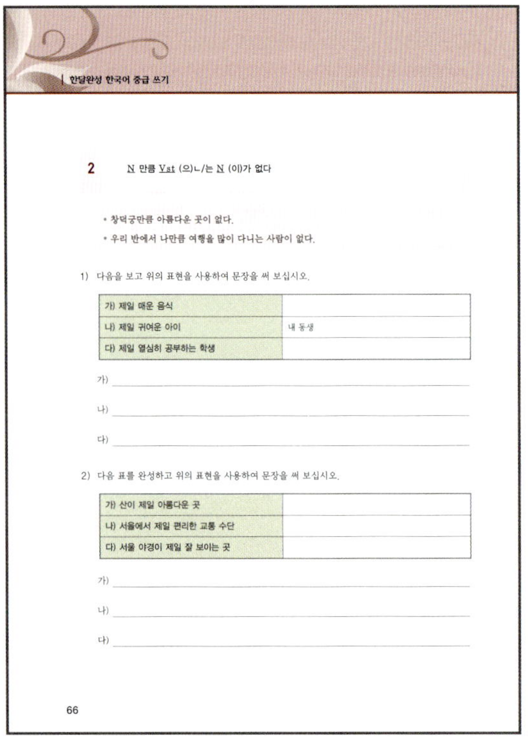

한달완성 한국어 중급 쓰기

2 N 만큼 Vst (으)ㄴ/는 N (이)가 없다

- 창덕궁만큼 아름다운 곳이 없다.
- 우리 반에서 나만큼 여행을 많이 다니는 사람이 없다.

1) 다음을 보고 위의 표현을 사용하여 문장을 써 보십시오.

가) 제일 매운 음식	
나) 제일 귀여운 아이	내 동생
다) 제일 열심히 공부하는 학생	

가) ______

나) ______

다) ______

2) 다음 표를 완성하고 위의 표현을 사용하여 문장을 써 보십시오.

가) 산이 제일 아름다운 곳	
나) 서울에서 제일 편리한 교통 수단	
다) 서울 야경이 제일 잘 보이는 곳	

가) ______

나) ______

다) ______

66

2.

가) 제일 매운 음식	불닭
나) 제일 귀여운 아이	내 동생
다) 제일 열심히 공부하는 학생	영수 씨

가) 산이 제일 아름다운 곳	불닭만큼 매운 음식이 없다.
나) 서울에서 제일 편리한 교통 수단	내 동생만큼 귀여운 아이가 없다.
다) 서울 야경이 제일 잘 보이는 곳	영수 씨만큼 열심히 공부하는 학생이 없다.

11과 돌이란 아기의 첫 번째 생일을 말한다

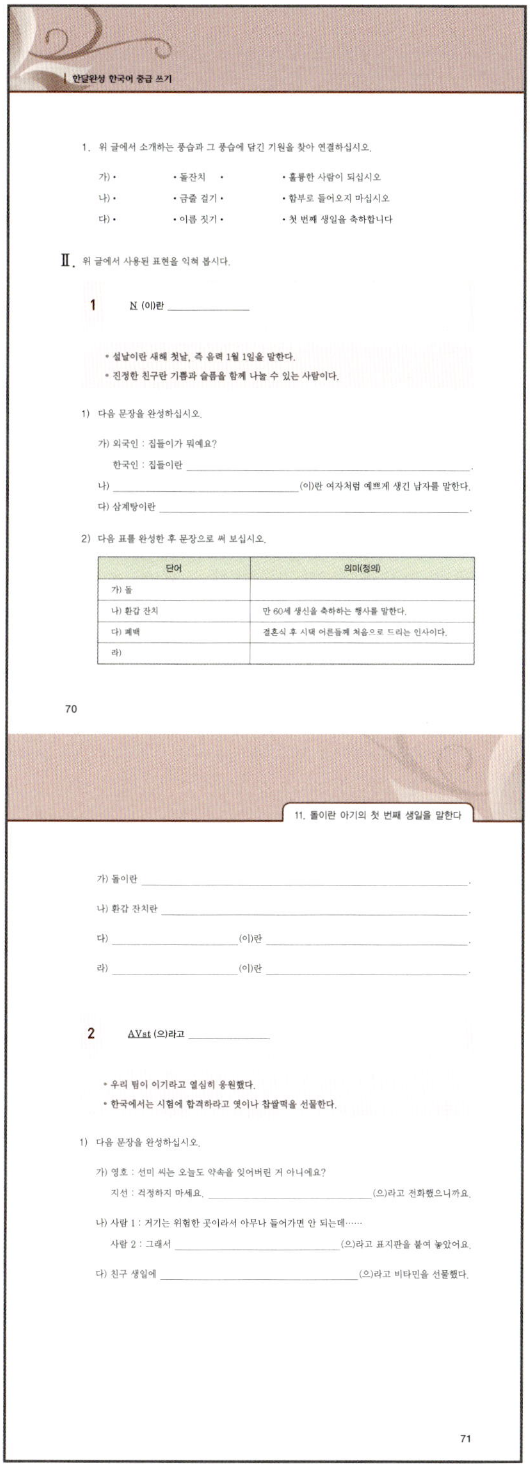
| 한달완성 한국어 중급 쓰기

1. 위 글에서 소개하는 풍습과 그 풍습에 담긴 기원을 찾아 연결하십시오.

가) • • 돌잔치 • • 훌륭한 사람이 되십시오
나) • • 금줄 걸기 • • 함부로 들어오지 마십시오
다) • • 이름 짓기 • • 첫 번째 생일을 축하합니다

Ⅱ. 위 글에서 사용된 표현을 익혀 봅시다.

1 N (이)란 ______

• 설날이란 새해 첫날, 즉 음력 1월 1일을 말한다.
• 진정한 친구란 기쁨과 슬픔을 함께 나눌 수 있는 사람이다.

1) 다음 문장을 완성하십시오.

가) 외국인 : 집들이가 뭐예요?
한국인 : 집들이란 ______.
나) ______(이)란 여자처럼 예쁘게 생긴 남자를 말한다.
다) 삼계탕이란 ______.

2) 다음 표를 완성한 후 문장으로 써 보십시오.

단어	의미(정의)
가) 돌	
나) 환갑 잔치	만 60세 생신을 축하하는 행사를 말한다.
다) 폐백	결혼식 후 시댁 어른들께 처음으로 드리는 인사이다.
라)	

70

11. 돌이란 아기의 첫 번째 생일을 말한다

가) 돌이란 ______.
나) 환갑 잔치란 ______.
다) ______(이)란 ______.
라) ______(이)란 ______.

2 AVst (으)라고 ______

• 우리 팀이 이기라고 열심히 응원했다.
• 한국에서는 시험에 합격하라고 엿이나 찹쌀떡을 선물한다.

1) 다음 문장을 완성하십시오.

가) 영호 : 선미 씨는 오늘도 약속을 잊어버린 거 아니에요?
지선 : 걱정하지 마세요. ______(으)라고 전화했으니까요.
나) 사람 1 : 거기는 위험한 곳이라서 아무나 들어가면 안 되는데……
사람 2 : 그래서 ______(으)라고 표지판을 붙여 놓았어요.
다) 친구 생일에 ______(으)라고 비타민을 선물했다.

71

Ⅰ.

1. 가) • ─ • 금줄 걸기 • ─ • 함부로 들어오지 마십시오
   나) • ─ • 이름 짓기 • ─ • 훌륭한 사람이 되십시오
   다) • ─ • 돌잔치 • ─ • 첫 번째 생일을 축하합니다

Ⅱ.

1. 1)

가) 집들이란 새로 이사한 집으로 가까운 사람들을 초대해서 여는 파티예요.

나) 꽃미남이란 여자처럼 예쁘게 생긴 남자를 말한다.

다) 삼계탕이란 닭 속에 인삼, 마늘, 대추, 찹쌀 등을 넣어 끓인 한국음식이다.

2)

단어	의미(정의)
가) 돌	아기의 첫번째 생일이다.
나) 환갑 잔치	만 60세 생신을 축하하는 행사를 말한다.
다) 폐백	결혼식 후 시댁 어른들께 처음으로 드리는 인사이다.
라) 성탄절	예수님이 태어나신 날이다.

가) 돌이란 아기의 첫 번째 생일이다.

나) 환갑 잔치란 만 60세 생신을 축하하는 행사를 말한다.

다) 폐백이란 결혼식 후 시댁 어른들께 처음으로 드리는 인사이다.

라) 성탄절이란 예수님이 태어나신 날이다.

2. 1)

가) 걱정하지 마세요. 잊지 말고 오라고 전화했으니까요.

나) 그래서 들어가지 말라고 표지판을 붙여 놓았어요.

다) 친구 생일에 건강해지라고 비타민을 선물했다.

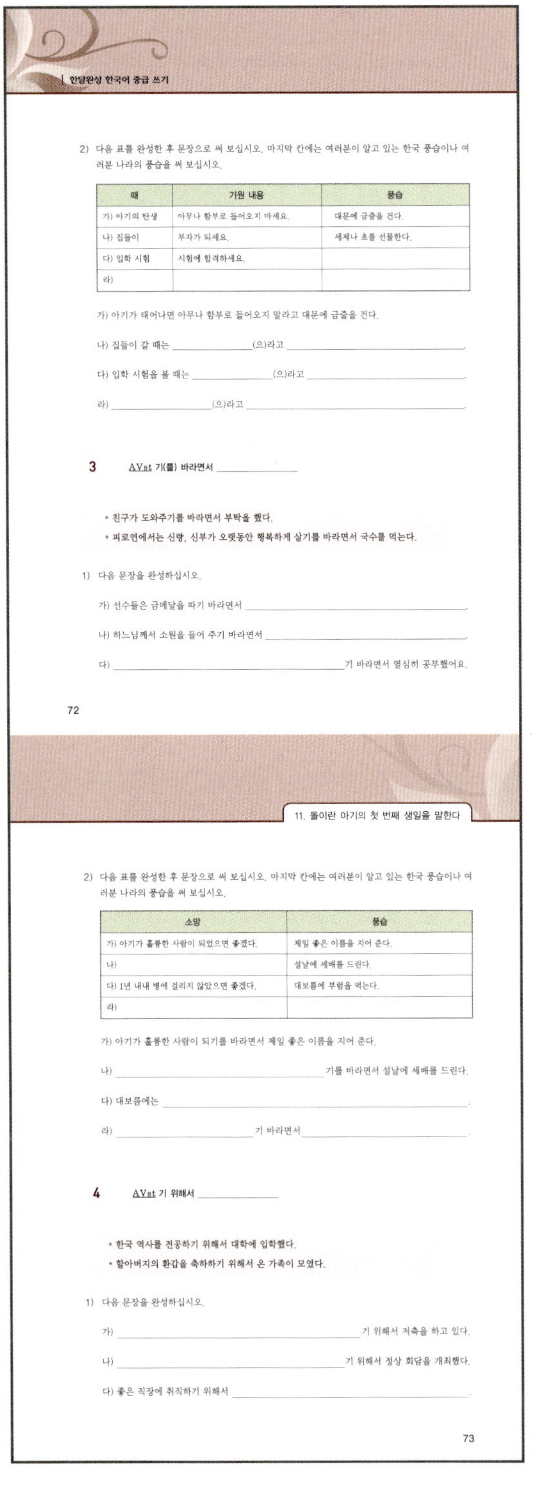

한달완성 한국어 중급 쓰기

2) 다음 표를 완성한 후 문장으로 써 보십시오. 마지막 칸에는 여러분이 알고 있는 한국 풍습이나 여러분 나라의 풍습을 써 보십시오.

때	기원 내용	풍습
가) 아기의 탄생	아무나 함부로 들어오지 마세요.	대문에 금줄을 건다.
나) 집들이	부자가 되세요.	세제나 초를 선물한다.
다) 입학 시험	시험에 합격하세요.	
라)		

가) 아기가 태어나면 아무나 함부로 들어오지 말라고 대문에 금줄을 건다.

나) 집들이 갈 때는 ________(으)라고 ________.

다) 입학 시험을 볼 때는 ________(으)라고 ________.

라) ________(으)라고 ________.

3 AVst 기(를) 바라면서 ________

- 친구가 도와주기를 바라면서 부탁을 했다.
- 피로연에서는 신랑, 신부가 오랫동안 행복하게 살기를 바라면서 국수를 먹는다.

1) 다음 문장을 완성하십시오.

가) 선수들은 금메달을 따기 바라면서 ________.

나) 하느님께서 소원을 들어 주기 바라면서 ________.

다) ________기 바라면서 열심히 공부했어요.

72

11. 돌이란 아기의 첫 번째 생일을 말한다

2) 다음 표를 완성한 후 문장으로 써 보십시오. 마지막 칸에는 여러분이 알고 있는 한국 풍습이나 여러분 나라의 풍습을 써 보십시오.

소망	풍습
가) 아기가 훌륭한 사람이 되었으면 좋겠다.	제일 좋은 이름을 지어 준다.
나)	설날에 세배를 드린다.
다) 1년 내내 병에 걸리지 않았으면 좋겠다.	대보름에 부럼을 먹는다.
라)	

가) 아기가 훌륭한 사람이 되기를 바라면서 제일 좋은 이름을 지어 준다.

나) ________기를 바라면서 설날에 세배를 드린다.

다) 대보름에는 ________.

라) ________기 바라면서 ________.

4 AVst 기 위해서 ________

- 한국 역사를 전공하기 위해서 대학에 입학했다.
- 할아버지의 환갑을 축하하기 위해서 온 가족이 모였다.

1) 다음 문장을 완성하십시오.

가) ________기 위해서 저축을 하고 있다.

나) ________기 위해서 정상 회담을 개최했다.

다) 좋은 직장에 취직하기 위해서 ________.

73

2)

때	기원 내용	풍습
가) 아기의 탄생	아무나 함부로 들어오지 마세요.	대문에 금줄을 건다.
나) 집들이	부자가 되세요.	세제나 초를 선물한다.
다) 입학 시험	시험에 합격하세요.	엿이나 떡을 선물한다.
라) 폐백	자식을 많이 낳아라.	신부에게 대추를 던져 준다.

나) 집들이 갈 때는 부자가 되라고 세제나 초를 선물한다.

다) 입학 시험을 볼 때는 합격하라고 엿이나 떡을 선물한다.

라) 폐백을 할 때는 자식을 많이 낳으라고 신부에게 대추를 던져 준다.

3. 1)

가) 선수들은 금메달을 따기 바라면서 열심히 연습하고 있다.

나) 하느님께서 소원을 들어주기 바라면서 날마다 기도드렸다.

다) 좋은 성적을 받기 바라면서 열심히 공부했어요.

2)

소망	풍습
가) 아기가 훌륭한 사람이 되었으면 좋겠다.	제일 좋은 이름을 지어 준다.
나) 웃어른께서 건강하셨으면 좋겠다.	설날에 세배를 드린다.
다) 1년 내내 병에 걸리지 않았으면 좋겠다.	대보름에 부럼을 먹는다.
라) 신랑, 신부가 오래도록 잘 살았으면 좋겠다.	결혼 피로연에서 국수를 먹는다.

나) 웃어른께서 건강하시기를 바라면서 설날에 세배를 드린다.

다) 대보름에는 1년 내내 병에 걸리지 않기를 바라면서 부럼을 먹는다.

라) 결혼 피로연에서는 신랑, 신부가 오래도록 잘 살기를 바라면서 국수를 먹는다.

4. 1)

가) 자동차를 사기 위해서 저축을 하고 있다.

나) 두 나라의 교류를 확대하기 위해서 정상 회담을 개최했다.

다) 좋은 직장에 취직하기 위해서 외국어와 컴퓨터 실력을 쌓고 있다.

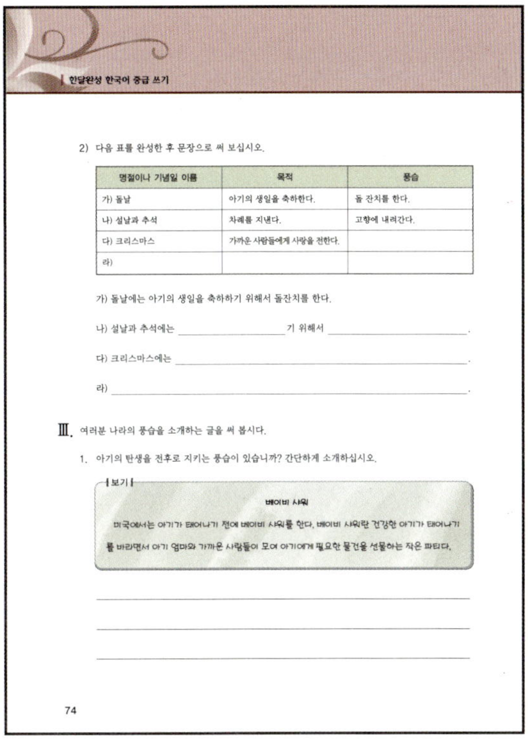

한달완성 한국어 중급 쓰기

2) 다음 표를 완성한 후 문장으로 써 보십시오.

명절이나 기념일 이름	목적	풍습
가) 돌날	아기의 생일을 축하한다.	돌 잔치를 한다.
나) 설날과 추석	차례를 지낸다.	고향에 내려간다.
다) 크리스마스	가까운 사람들에게 사랑을 전한다.	
라)		

가) 돌날에는 아기의 생일을 축하하기 위해서 돌잔치를 한다.

나) 설날과 추석에는 ________ 기 위해서 ________.

다) 크리스마스에는 ________.

라) ________.

Ⅲ. 여러분 나라의 풍습을 소개하는 글을 써 봅시다.

1. 아기의 탄생을 전후로 지키는 풍습이 있습니까? 간단하게 소개하십시오.

| 보기 |

베이비 샤워

미국에서는 아기가 태어나기 전에 베이비 샤워를 한다. 베이비 샤워란 건강한 아기가 태어나기를 바라면서 아기 엄마와 가까운 사람들이 모여 아기에게 필요한 물건을 선물하는 작은 파티다.

74

2)

명절이나 기념일 이름	목적	풍습
가) 돌날	아기의 생일을 축하한다.	돌 잔치를 한다.
나) 설날과 추석	차례를 지낸다.	고향에 내려간다.
다) 크리스마스	가까운 사람들에게 사랑을 전한다.	선물을 준다.
라) 대보름	벌레와 귀신을 쫓는다.	쥐불놀이를 한다.

나) 설날과 추석에는 차례를 지내기 위해서 고향에 내려간다.

다) 크리스마스에는 가까운 사람들에게 사랑을 전하기 위해서 선물을 준다.

라) 대보름에는 벌레와 귀신을 쫓기 위해서 쥐불놀이를 한다.

12과 앞 차가 갑자기 서는 바람에 부딪혔다

12

앞 차가 갑자기 서는 바람에 부딪혔다

|학습 목표| 자세하게 설명하는 글 쓰기 |표 현| 이유, 원인 표현

I.

가) 비가 오는 날이었다. 내가 운전하던 차가 앞 차에 부딪히는 사고가 있었다. 하지만 양쪽 모두 다친 사람이 없어서 다행이었다.

나) 비가 많이 오는 날이었다. 운전을 하고 있었는데 "쿵" 하는 소리와 함께 내 차가 앞 차를 들이받았다. 앞 차가 **갑자기 서는 바람에** 내 차가 앞 차에 부딪힌 것이다. 차에서 내려 앞 차 운전자에게 "깜빡이도 켜지 않고 갑자기 정지하면 어떻게 해요?"라고 묻자 앞 차 주인은 "길 옆에 주차를 하려고 차를 세웠어요. 앞을 잘 보셔야지요. 혹시 좁은 길에서 너무 속도를 내신 거 아니에요?"라고 했다. 그때 교통경찰이 와서 "두 운전자 모두에게 과실이 있습니다. 비상등도 켜지 않고 갑자기 차를 세운 앞 차 운전자에게도 문제가 있고, 운전하면서 전방을 주의 깊게 보지 않은 뒤 차 운전자에게도 잘못이 있습니다. **비가 많이 오는 날이니 만큼** 서로 서로 더 조심을 하셨어야지요."라고 말했다. 차를 수리공장에 보내야 하는 게 번거롭기는 했지만 양 쪽 모두 다친 사람이 없는 걸 다행으로 생각하기로 했다.

1. 글 가)와 나)중에서 어느 글이 더 실감나게 느껴집니까? 그리고 그 이유는 무엇입니까?

77

한달완성 한국어 중급 쓰기

2. 다음 표에 글 나)의 내용을 정리하십시오.

	추돌 사고의 원인
내 생각	• 앞 차가 깜빡이를 켜지 않고 갑자기 정지했다.
앞 차 운전자의 생각	• 뒤 차가 앞을 잘 보지 않는다. •
교통 경찰의 생각	• •

3. 위 글과 다른 내용으로 표를 정리하고 글 가)를 다시 자세히 꾸며 보십시오.

	사고의 원인
내 생각	• •
앞 차 운전자의 생각	• •
교통 경찰의 생각	• •

78

I.

1. 글 (나)가 더 실감나게 느껴진다. 상황을 자세하게 설명하였기 때문이다.

2.

	추돌 사고의 원인
내 생각	• 앞 차가 깜빡이를 켜지 않고 갑자기 정지했다.
앞 차 운전자의 생각	• 뒤 차가 앞을 잘 보지 않는다. • 좁은 길에서 속도를 낸 것 같다.
교통 경찰의 생각	• 앞 차 운전자가 비상등을 켜지 않고 갑자기 차를 세웠다. • 뒤 차 운전자가 전방을 주의 깊게 보지 않았다.

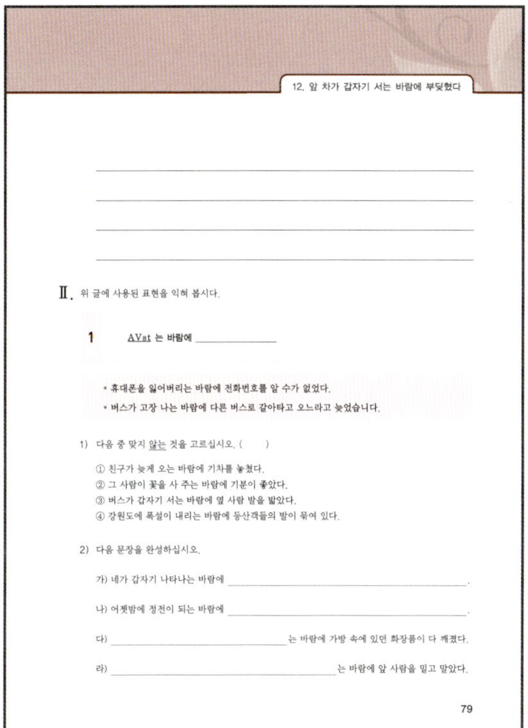
12. 앞 차가 갑자기 서는 바람에 부딪혔다

Ⅱ. 위 글에 사용된 표현을 익혀 봅시다.

1 AVst 는 바람에 ________

* 휴대폰을 잃어버리는 바람에 전화번호를 알 수가 없었다.
* 버스가 고장 나는 바람에 다른 버스로 갈아타고 오느라고 늦었습니다.

1) 다음 중 맞지 않는 것을 고르십시오. (   )

① 친구가 늦게 오는 바람에 기차를 놓쳤다.
② 그 사람이 꽃을 사 주는 바람에 기분이 좋았다.
③ 버스가 갑자기 서는 바람에 옆 사람 발을 밟았다.
④ 강원도에 폭설이 내리는 바람에 등산객들의 발이 묶여 있다.

2) 다음 문장을 완성하십시오.

가) 네가 갑자기 나타나는 바람에 ________.

나) 어젯밤에 정전이 되는 바람에 ________.

다) ________는 바람에 가방 속에 있던 화장품이 다 깨졌다.

라) ________는 바람에 앞 사람을 밀고 말았다.

79

Ⅱ.

1. 1) ②

2)

가) 깜짝 놀랐잖아.

나) 시험 공부를 못 했다.

다) 가방을 떨어뜨리는 바람에

라) 버스가 갑자기 서는 바람에

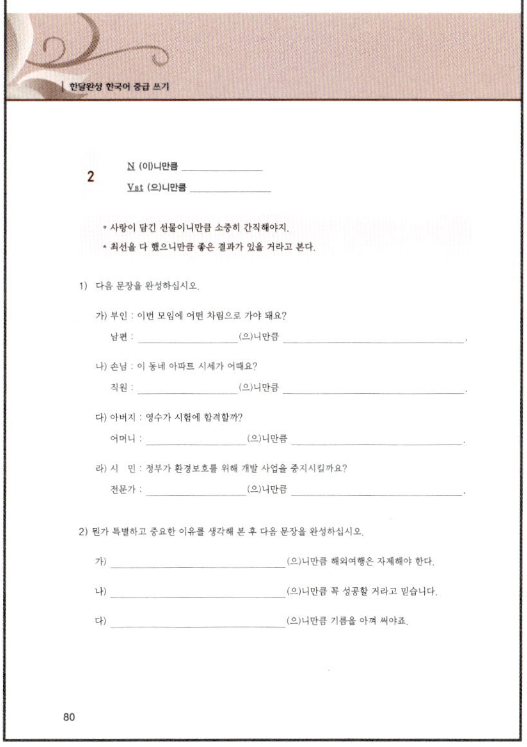
한달완성 한국어 중급 쓰기

2 N (이)니만큼 ________
Vst (으)니만큼 ________

* 사랑이 담긴 선물이니만큼 소중히 간직해야지.
* 최선을 다 했으니만큼 좋은 결과가 있을 거라고 본다.

1) 다음 문장을 완성하십시오.

가) 부인 : 이번 모임에 어떤 차림으로 가야 돼요?
남편 : ________(으)니만큼 ________.

나) 손님 : 이 동네 아파트 시세가 어때요?
직원 : ________(으)니만큼 ________.

다) 아버지 : 영수가 시험에 합격할까?
어머니 : ________(으)니만큼 ________.

라) 시 민 : 정부가 환경보호를 위해 개발 사업을 중지시킬까요?
전문가 : ________(으)니만큼 ________.

2) 뭔가 특별하고 중요한 이유를 생각해 본 후 다음 문장을 완성하십시오.

가) ________(으)니만큼 해외여행은 자제해야 한다.

나) ________(으)니만큼 꼭 성공할 거라고 믿습니다.

다) ________(으)니만큼 기름을 아껴 써야죠.

80

2. 1)

가) 어른들이 많이 오시니만큼 화려하지 않은 옷차림이 좋겠지?

나) 조용하고 한강이 보이니만큼 값이 좀 센 편입니다.

다) 최선을 다했으니만큼 좋은 결과가 있겠지요.

라) 개발 사업으로 얻는 이익이 크니만큼 중지시키기 어려울 겁니다.

2)

가) 달러 유출이 국가 경제에 안 좋으니만큼

나) 충분히 준비하고 시작한 사업이니만큼

다) 석유 전량을 수입에 의존하고 있으니만큼

13과 운동장 이용에 대해서 건의하고자 합니다

13 운동장 이용에 대해서 건의하고자 합니다

|학습 목표| 건의문 쓰기 **|표 현|** 건의문에 사용되는 표현

I.

저는 인근 지역 주민으로 학교 **운동장 이용에 대해서 건의하고자 합니다**. 지금까지 지역 주민들은 해가 진 후나 휴일에 운동장을 **이용할 수 있었으나** 이번 학기부터는 이용할 수 없게 되었습니다. 주민들이 학교 시설물을 훼손하는 경우가 있기 때문이라고 들었습니다. 하지만 대다수의 주민들은 학교 시설을 깨끗이 이용하려고 노력해 왔고 집 근처에 운동을 할 만한 장소가 없어서 큰 불편을 겪고 있습니다. 갈 곳 없는 주민들을 위해서 주말이나 방학 기간만이라도 운동장을 **개방해 주셨으면 합니다**.

1. 위 글을 쓴 목적은 무엇입니까?

2. 다음 표를 완성하십시오.

건의 사항	현재 문제점	글쓴이가 제시한 해결책
학교 운동장 이용		

85

한달완성 한국어 중급 쓰기

II. 위 글에서 사용된 표현을 익힙시다.

1 **N 에 대해서 / N 에 대한** ______

- 기숙사 온수 사용 시간에 대해서 건의하고 싶다.
- 신세대들은 취업 문제에 대한 고민이 제일 큰 것 같다.

1) 다음 문장을 완성하십시오.

가) 부하 직원 : ______ 에 대해서 사과드리고 싶습니다.
상사 : 그 정도 실수는 누구나 하는 것 아닌가요? 괜찮습니다.

나) 졸업 논문은 ______ 에 대해서 쓰고 싶다.

다) 나는 한국의 역사는 잘 모르지만 ______ 에 대해서는 누구보다도 잘 알고 있다.

2) 여러분이 건의하고 싶은 것을 찾아 위의 표현으로 문장을 써 보십시오.

|보기|
저는 학생 식당 메뉴에 대해서 건의하고 싶습니다.

저는 ______.

86

I.

1. 학교 운동장 이용에 대해서 건의하려고 썼다.

2.

건의 사항	현재 문제점	글쓴이가 제시한 해결책
학교 운동장 이용	주민들이 이용할 수 없다.	방학기간만이라도 개방해 달라.

II.

1. 1)

가) 지난 번 회의 때 실수한 것에 대해서 사과드리고 싶습니다.

나) 졸업 논문은 한국의 전통 음악에 대해서 쓰고 싶다.

다) 나는 한국의 역사는 잘 모르지만 한국 영화나 드라마에 대해서는 누구보다도 잘 알고 있다.

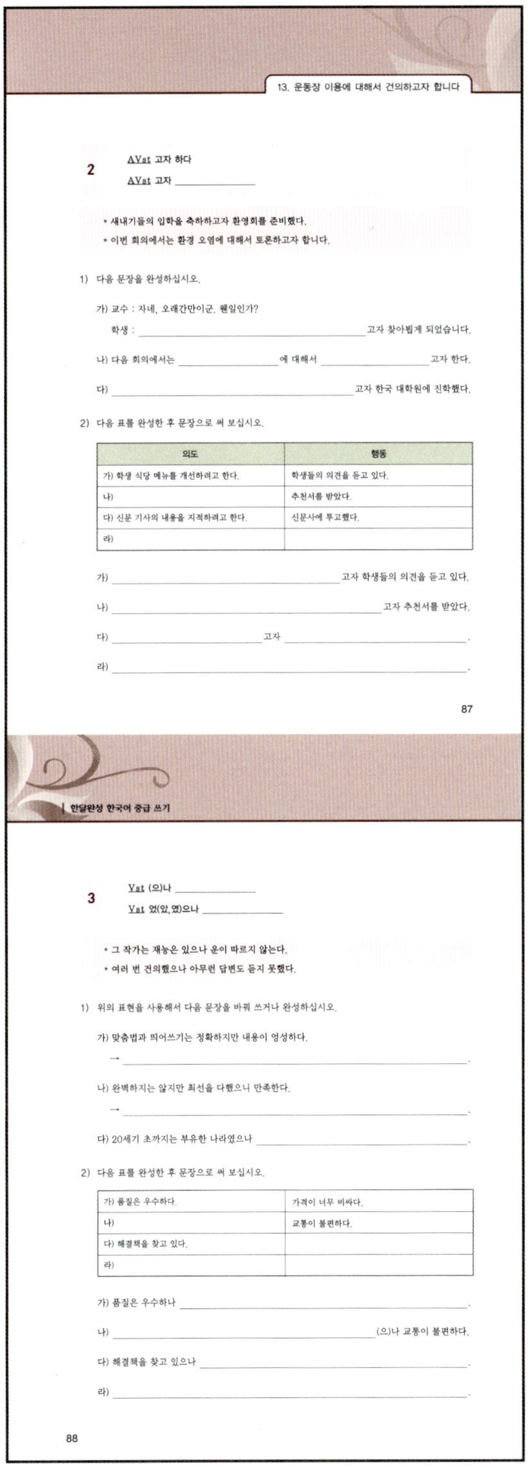
13. 운동장 이용에 대해서 건의하고자 합니다

2 AVst 고자 하다
AVst 고자 ____

• 새내기들의 입학을 축하하고자 환영회를 준비했다.
• 이번 회의에서는 환경 오염에 대해서 토론하고자 합니다.

1) 다음 문장을 완성하십시오.

가) 교수 : 자네, 오래간만이군. 웬일인가?
학생 : ____ 고자 찾아뵙게 되었습니다.

나) 다음 회의에서는 ____에 대해서 ____고자 한다.

다) ____고자 한국 대학원에 진학했다.

2) 다음 표를 완성한 후 문장으로 써 보십시오.

의도	행동
가) 학생 식당 메뉴를 개선하려고 한다.	학생들의 의견을 듣고 있다.
나)	추천서를 받았다.
다) 신문 기사의 내용을 지적하려고 한다.	신문사에 투고했다.
라)	

가) ____고자 학생들의 의견을 듣고 있다.
나) ____고자 추천서를 받았다.
다) ____고자 ____.
라) ____.

87

한달완성 한국어 중급 쓰기

3 Vst (으)나 ____
Vst 었(았,였)으나 ____

• 그 작가는 재능은 있으나 운이 따르지 않는다.
• 여러 번 건의했으나 아무런 답변도 듣지 못했다.

1) 위의 표현을 사용해서 다음 문장을 바꿔 쓰거나 완성하십시오.

가) 맞춤법과 띄어쓰기는 정확하지만 내용이 엉성하다.
→ ____.

나) 완벽하지는 않지만 최선을 다했으니 만족한다.
→ ____.

다) 20세기 초까지는 부유한 나라였으나 ____.

2) 다음 표를 완성한 후 문장으로 써 보십시오.

가) 품질은 우수하다.	가격이 너무 비싸다.
나)	교통이 불편하다.
다) 해결책을 찾고 있다.	
라)	

가) 품질은 우수하나 ____.
나) ____(으)나 교통이 불편하다.
다) 해결책을 찾고 있으나 ____.
라) ____.

88

2. 1)

가) 교수님 추천서를 받고자 찾아뵙게 되었습니다.

나) 이번 회의에서는 임금 인상에 대해서 의견을 나누고자 한다.

다) 한국 문학을 깊이 있게 공부하고자 한국 대학원에 진학했다.

2)

의도	행동
가) 학생 식당 메뉴를 개선하려고 한다.	학생들의 의견을 듣고 있다.
나) 장학금 신청을 하려고 한다.	추천서를 받았다.
다) 신문 기사의 내용을 지적하려고 한다.	신문사에 투고했다.
라) 불만 사항에 대해서 건의한다.	책임자를 방문했다.

가) 학생 식당 메뉴를 개선하고자 학생들의 의견을 듣고 있다.

나) 장학금을 신청하고자 추천서를 받았다.

다) 신문 기사의 내용을 지적하고자 신문사에 투고했다.

라) 불만 사항에 대해서 건의하고자 책임자를 방문했다.

3. 1)

가) 맞춤법과 띄어쓰기는 정확하나 내용이 엉성하다.

나) 완벽하지는 않으나 최선을 다했으니 만족한다.

다) 20세기 초까지는 부유한 나라였으나 현재는 경제 위기를 맞고 있다.

2)

가) 품질은 우수하다.	가격이 너무 비싸다.
나) 주변 환경은 쾌적하다.	교통이 불편하다.
다) 해결책을 찾고 있다.	뾰족한 방법이 없다.
라) 최선을 다했다.	결과가 나빴다.

가) 품질은 우수하나 가격이 너무 비싸다.

나) 주변 환경은 쾌적하나 교통이 불편하다.

다) 해결책을 찾고 있으나 뾰족한 방법이 없다.

라) 최선을 다했으나 결과가 나빴다.

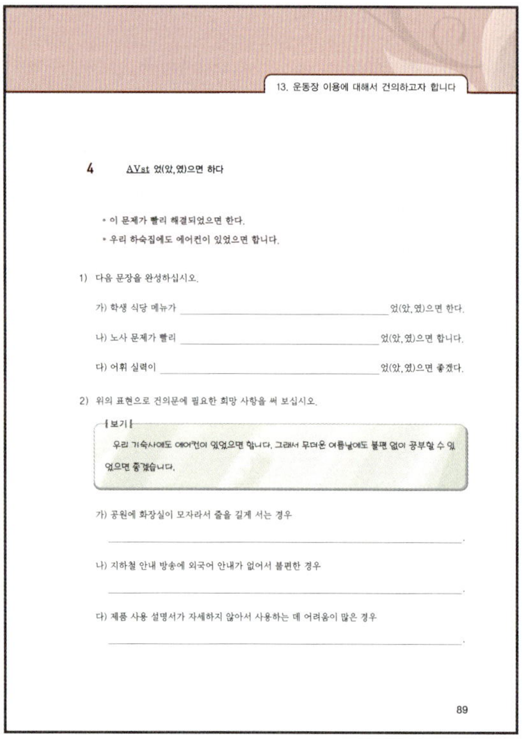
13. 운동장 이용에 대해서 건의하고자 합니다

4 AVst 었(았,였)으면 하다

- 이 문제가 빨리 해결되었으면 한다.
- 우리 하숙집에도 에어컨이 있었으면 합니다.

1) 다음 문장을 완성하십시오.

가) 학생 식당 메뉴가 ____________ 었(았,였)으면 한다.

나) 노사 문제가 빨리 ____________ 었(았,였)으면 합니다.

다) 어휘 실력이 ____________ 었(았,였)으면 좋겠다.

2) 위의 표현으로 건의문에 필요한 희망 사항을 써 보십시오.

【보기】
우리 기숙사에도 에어컨이 있었으면 합니다. 그래서 무더운 여름날에도 불편 없이 공부할 수 있었으면 좋겠습니다.

가) 공원에 화장실이 모자라서 줄을 길게 서는 경우

____________.

나) 지하철 안내 방송에 외국어 안내가 없어서 불편한 경우

____________.

다) 제품 사용 설명서가 자세하지 않아서 사용하는 데 어려움이 많은 경우

____________.

89

4. 1)

가) 학생 식당 메뉴가 다양했으면 한다.

나) 노사 문제가 빨리 해결되었으면 합니다.

다) 어휘 실력이 향상되었으면 좋겠다.

2)

가) 공원에 화장실을 더 많이 설치해 주셨으면 합니다.

나) 외국어 안내 방송이 있었으면 합니다.

다) 사용 설명서의 내용을 자세하게 만들어 주셨으면 합니다.

14과 몇 시간이 지나자 부산에 도착했다

14 몇 시간이 지나자 부산에 도착했다

|학습 목표| 요약하는 글 쓰기 |표 현| 연결, 이유 표현

I.

아내가 새벽부터 나를 깨웠다. 나는 아내가 준비해 준 아침밥을 먹었다. 그리고 아침 일찍 서울역에 갔다. 매표소에서 기차표를 샀다. 시간이 남아 신문을 사서 읽었다. **기차표 확인이 시작되자**, 사람들이 우르르 몰려들었다. 아직도 질서 의식이 없는 것 같았다. 나는 기차표를 확인받고 기차에 올라 지정된 자리에 앉았다. 일찍 일어나서 그런지 무척 졸렸다. 깜빡 잠이 들었나 싶었는데 눈을 떠 보니 대전이었다. 그리고 **몇 시간이 지나자** 부산에 도착했다.

1. 위 글을 읽고 중심 내용을 찾아 요약해 보십시오.

나는 ____________________

2. 위에서 요약한 글을 20자 이내로 줄여 다시 써 보십시오.

93

| 한달완성 한국어 중급 쓰기

2. 다음 글은 기상 관측 방법의 변천에 관한 글입니다. 요약해 보십시오.

옛날 사람들은 하늘에 나타나는 여러 가지 기상 현상을 알아 낼 수 있는 **관측기가 없었으므로**, 눈과 같은 감각 기관을 이용해 그 날의 날씨를 예측하였다. 그리고 날씨에 관한 오랜 경험을 바탕으로 내일의 날씨를 예측하기도 하였는데 이 때 나온 것이 일기 속담이다.

자연 현상이나 동물과 관련 있는 일기 속담을 살펴보면, "풀에 이슬이 맺히면 날씨가 좋고, 오후가 되어도 마르지 않으면 다음 날 비가 온다.", "개미가 이사하면 비가 온다.", "뱀이 산으로 올라가면 장마진다." 등이 있다.

17세기 중엽에 갈릴레이가 온도계를 발명함에 따라 관측기를 이용해 날씨를 예측하는 관측 시대가 시작되었다. 관측 시대에는 기압계, 풍향계, 풍속계, 일사계, 습도계 등 대기 상태를 관측하는 여러 가지 기상 관측기가 발명되어 기상을 예측하는데 널리 이용되었다.

오늘날에는 기상 위성에 의한 관측 시대가 열리게 되었다. 위성을 이용한 예측은 그 정확도를 크게 향상시킬 수 있다. 그리고 최근에는 슈퍼컴퓨터를 이용하여 더욱 신속하고 정확하게 기상을 예측할 수 있게 되었다.

1) 중심 내용을 찾아 다음 표에 정리하십시오.

	중심 내용
옛날	눈과 같은 감각 기관을 이용해 날씨를 파악하였다.
갈릴레이 이후	
오늘날	

94

Ⅰ.

1. 나는 아침에 아내가 차려준 아침밥을 먹고 서울역에 가서 기차를 타고 부산에 갔다.

2. 나는 아침밥을 먹고 기차를 타고 부산에 갔다.

2.

	중심 내용
옛날	눈과 같은 감각 기관을 이용해 날씨를 파악하였다.
갈릴레이 이후	온도계, 기압계, 풍속계 같은 관측기를 이용해 날씨를 예측했다.
오늘날	기상 위성에 의한 관측 시대가 열렸다.

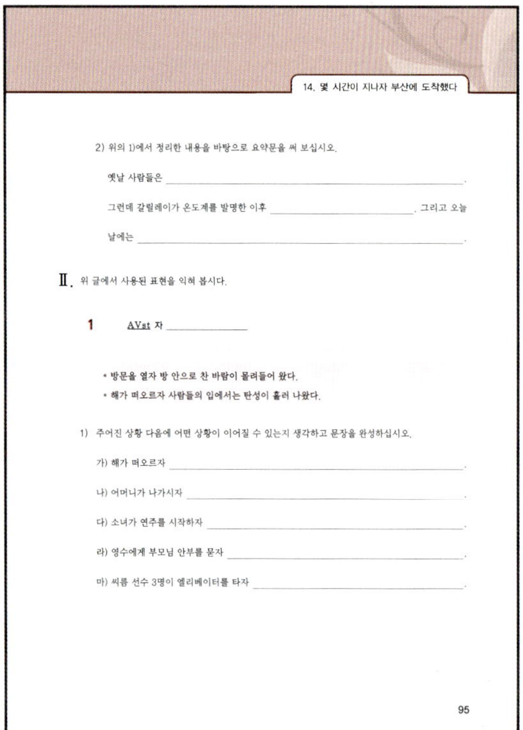

14. 몇 시간이 지나자 부산에 도착했다

2) 위의 1)에서 정리한 내용을 바탕으로 요약문을 써 보십시오.

옛날 사람들은 ______________________.

그런데 갈릴레이가 온도계를 발명한 이후 ______________. 그리고 오늘날에는 ______________________.

Ⅱ. 위 글에서 사용된 표현을 익혀 봅시다.

1 AVst 자 ____________

- 방문을 열자 방 안으로 찬 바람이 몰려들어 왔다.
- 해가 떠오르자 사람들의 입에서는 탄성이 흘러 나왔다.

1) 주어진 상황 다음에 어떤 상황이 이어질 수 있는지 생각하고 문장을 완성하십시오.

가) 해가 떠오르자 ______________________.

나) 어머니가 나가시자 ______________________.

다) 소녀가 연주를 시작하자 ______________________.

라) 영수에게 부모님 안부를 묻자 ______________________.

마) 씨름 선수 3명이 엘리베이터를 타자 ______________________.

95

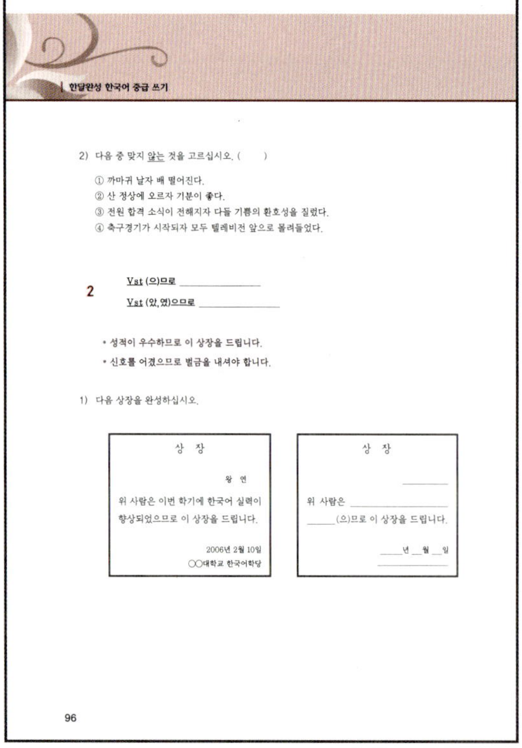

한달완성 한국어 중급 쓰기

2) 다음 중 맞지 않는 것을 고르십시오. (　　)

① 까마귀 날자 배 떨어진다.
② 산 정상에 오르자 기분이 좋다.
③ 전원 합격 소식이 전해지자 다들 기쁨의 환호성을 질렀다.
④ 축구경기가 시작되자 모두 텔레비전 앞으로 몰려들었다.

2 Vst (으)므로 ____________
Vst (았,였)으므로 ____________

- 성적이 우수하므로 이 상장을 드립니다.
- 신호를 어겼으므로 벌금을 내셔야 합니다.

1) 다음 상장을 완성하십시오.

상 장

왕 연

위 사람은 이번 학기에 한국어 실력이 향상되었으므로 이 상장을 드립니다.

2006년 2월 10일
○○대학교 한국어학당

상 장

____

위 사람은 ______________
______(으)므로 이 상장을 드립니다.

____년 __월 __일
____

96

2) 옛날 사람들은 눈과 같은 감각기관을 이용해 날씨를 파악하였으나 갈릴레이가 온도계를 발명한 이후 관측기를 이용한 날씨 예측이 가능해 졌다. 그리고 오늘날에는 기상 위성과 슈퍼 컴퓨터에 의해 빠르고 정확하게 기상을 예측할 수 있게 되었다.

Ⅱ.

1. 1)

가) 영수는 눈을 기지개를 켜면서 침대에서 일어났다.

나) 아이들은 어머니를 기쁘게 해드리기 위해서 청소를 시작했다.

다) 주위의 사람들이 조용히 귀를 기울였다.

라) 영수의 안색이 어두워졌다.

마) 정원 초과를 알리는 벨이 울렸다.

2) ②

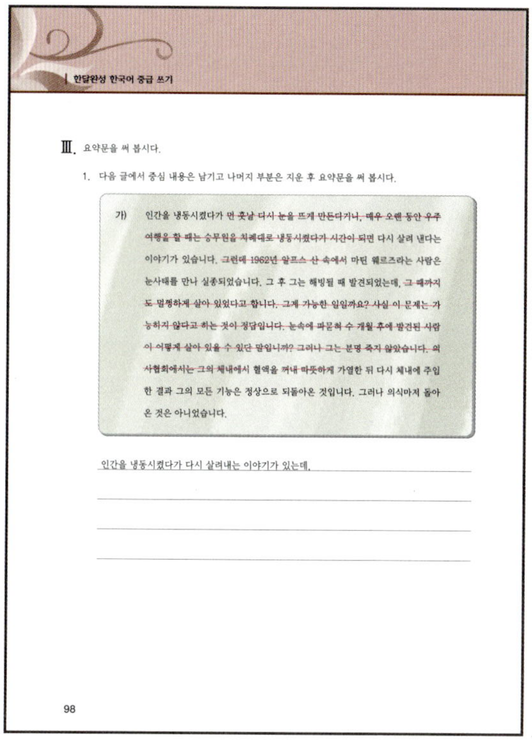
한달완성 한국어 중급 쓰기

Ⅲ. 요약문을 써 봅시다.

1. 다음 글에서 중심 내용은 남기고 나머지 부분은 지운 후 요약문을 써 봅시다.

가) 인간을 냉동시켰다가 먼 훗날 다시 눈을 뜨게 만든다거나, 매우 오랜 동안 우주 여행을 할 때는 승무원을 차례대로 냉동시켰다가 시간이 되면 다시 살려 낸다는 이야기가 있습니다. 그런데 1962년 알프스 산 속에서 마틴 웨르즈라는 사람은 눈사태를 만나 실종되었습니다. 그 후 그는 해빙될 때 발견되었는데, 그 때까지도 멀쩡하게 살아 있었다고 합니다. 그게 가능한 일일까요? 사실 이 문제는 가능하지 않다고 하는 것이 정답입니다. 눈속에 파묻혀 수 개월 후에 발견된 사람이 어떻게 살아 있을 수 있단 말입니까? 그러나 그는 분명 죽지 않았습니다. 의사협회에서는 그의 체내에서 혈액을 꺼내 따뜻하게 가열한 뒤 다시 체내에 주입한 결과 그의 모든 기능은 정상으로 되돌아온 것입니다. 그러나 의식마저 돌아온 것은 아니었습니다.

인간을 냉동시켰다가 다시 살려내는 이야기가 있는데,

98

Ⅲ.

1. 가) 인간을 냉동 시켰다가 다시 살려내는 이야기가 있는데, 눈사태를 만나 실종되었다가 해빙 때 발견된 마틴 웨르즈라는 사람의 혈액을 꺼내 가열한 뒤 체내에 주입한 결과 의식을 제외한 모든 기능이 정상으로 돌아왔다는 것이다.

15과 호랑이는 혼이 나고 말았다

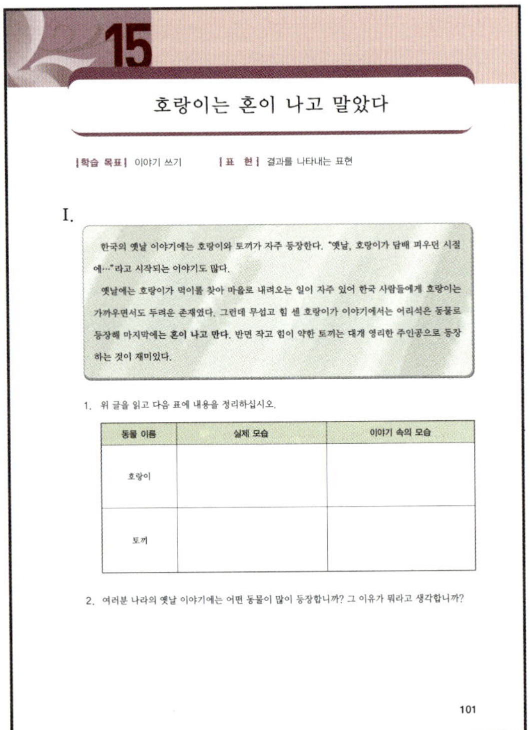
15

호랑이는 혼이 나고 말았다

|학습 목표| 이야기 쓰기 |표 현| 결과를 나타내는 표현

I.

한국의 옛날 이야기에는 호랑이와 토끼가 자주 등장한다. "옛날, 호랑이가 담배 피우던 시절에…"라고 시작되는 이야기도 많다.

옛날에는 호랑이가 먹이를 찾아 마을로 내려오는 일이 자주 있어 한국 사람들에게 호랑이는 가까우면서도 두려운 존재였다. 그런데 무섭고 힘 센 호랑이가 이야기에서는 어리석은 동물로 등장해 마지막에는 **혼이 나고 만다.** 반면 작고 힘이 약한 토끼는 대개 영리한 주인공으로 등장하는 것이 재미있다.

1. 위 글을 읽고 다음 표에 내용을 정리하십시오.

동물 이름	실제 모습	이야기 속의 모습
호랑이		
토끼		

2. 여러분 나라의 옛날 이야기에는 어떤 동물이 많이 등장합니까? 그 이유가 뭐라고 생각합니까?

101

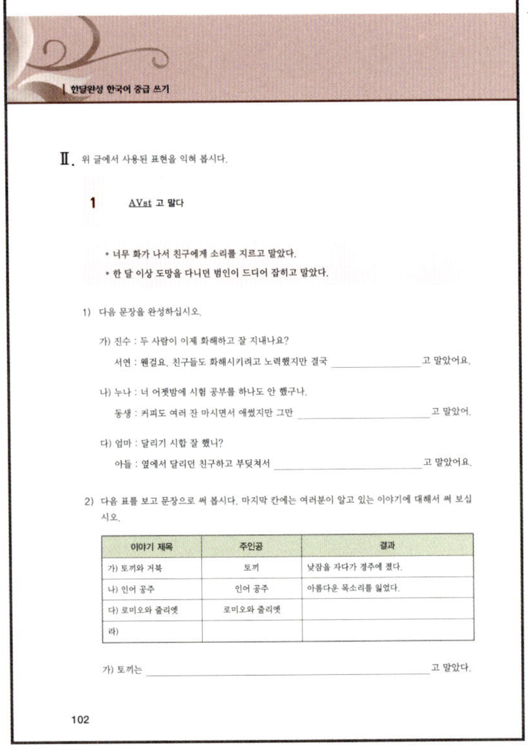
한달완성 한국어 중급 쓰기

Ⅱ. 위 글에서 사용된 표현을 익혀 봅시다.

1 AVst 고 말다

* 너무 화가 나서 친구에게 소리를 지르고 말았다.
* 한 달 이상 도망을 다니던 범인이 드디어 잡히고 말았다.

1) 다음 문장을 완성하십시오.

가) 진수 : 두 사람이 이제 화해하고 잘 지내나요?
서연 : 웬걸요. 친구들도 화해시키려고 노력했지만 결국 ______________ 고 말았어요.

나) 누나 : 너 어젯밤에 시험 공부를 하나도 안 했구나.
동생 : 커피도 여러 잔 마시면서 애썼지만 그만 ______________ 고 말았어.

다) 엄마 : 달리기 시합 잘 했니?
아들 : 옆에서 달리던 친구하고 부딪쳐서 ______________ 고 말았어요.

2) 다음 표를 보고 문장으로 써 봅시다. 마지막 칸에는 여러분이 알고 있는 이야기에 대해서 써 보십시오.

이야기 제목	주인공	결과
가) 토끼와 거북	토끼	낮잠을 자다가 경주에 졌다.
나) 인어 공주	인어 공주	아름다운 목소리를 잃었다.
다) 로미오와 줄리엣	로미오와 줄리엣	
라)		

가) 토끼는 ______________________ 고 말았다.

102

Ⅱ.

1.

동물 이름	실제 모습	이야기 속의 모습
호랑이	무섭고 힘이 세다.	어리석다.
토끼	작고 힘이 약하다.	영리하다.

Ⅱ.

1. 1)

가) 결국 헤어지고 말았어요.

나) 그만 잠이 들고 말았어.

다) 넘어지고 말았어요.

2)

이야기 제목	주인공	결과
가) 토끼와 거북	토끼	낮잠을 자다가 경주에 졌다.
나) 인어 공주	인어 공주	아름다운 목소리를 잃었다.
다) 로미오와 줄리엣	로미오와 줄리엣	죽었다.
라) 미녀와 야수	벨	야수와 사랑에 빠졌다.

가) 토끼는 낮잠을 자다가 경주에 지고 말았다.

나) 인어 공주는 아름다운 목소리를 잃고 말았다.

다) 로미오와 줄리엣은 결국 죽고 말았다.

라) 벨은 야수와 사랑에 빠지고 말았다.

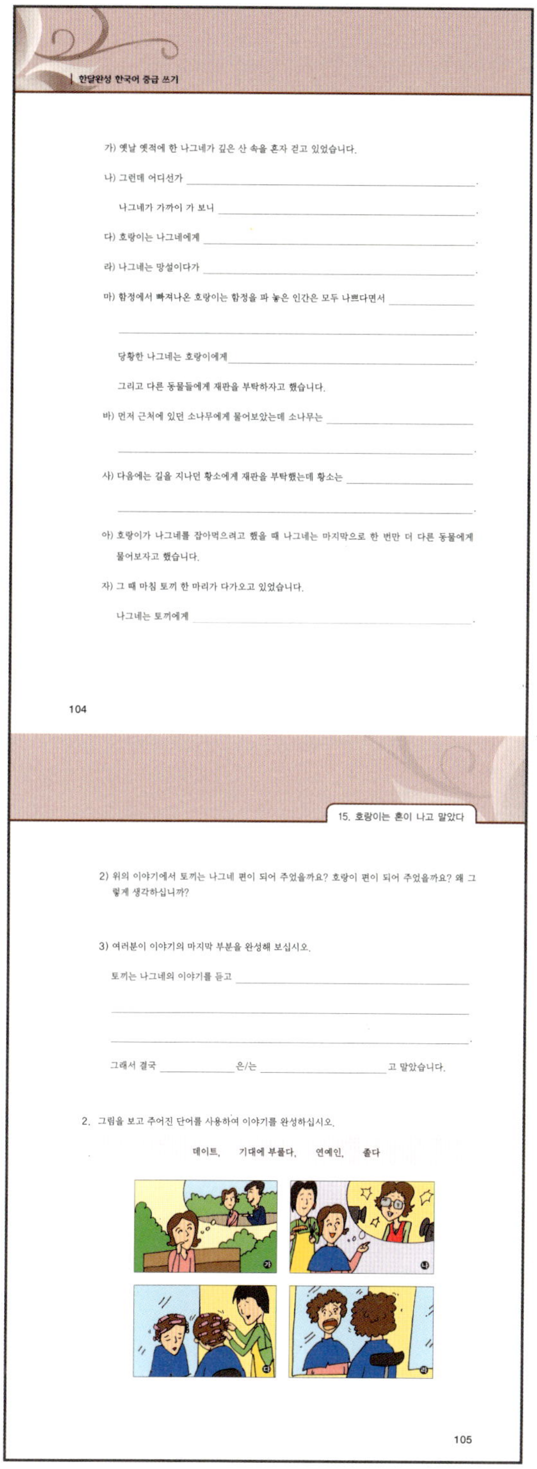

Ⅲ.

1. 1)

나) 그런데 어디선가 호랑이 울음 소리가 들려왔습니다.
나그네가 가까이 가 보니 호랑이 한 마리가 함정에 빠져 있었습니다.

다) 호랑이는 나그네에게 살려 달라고 애원했습니다.

라) 나그네는 망설이다가 밧줄을 던져 호랑이를 구해 주었습니다.

마) 함정에서 빠져나온 호랑이는 함정을 파 놓은 인간은 모두 나쁘다면서 나그네를 잡아먹으려고 했습니다.
당황한 나그네는 호랑이에게 한 번만 살려 달라고 했습니다.
그리고 다른 동물들에게 재판을 부탁하자고 했습니다.

바) 먼저 근처에 있던 소나무에게 물어보았는데 소나무는 사람들이 나무를 베어 버리니까 살려 줄 수 없다고 했습니다.

사) 다음에는 길을 지나던 황소에게 재판을 부탁했는데 황소는 죽도록 일만 시키는 사람들은 모두 나쁘다고 했습니다.

자) 나그네는 토끼에게 재판을 부탁했습니다.

2) (보기) 나그네의 편이 되었을 것이다. 왜냐하면 나그네를 잡아먹고 나서 자기까지 잡아먹을 지도 모르기 때문이다.

3) 토끼는 나그네의 이야기를 듣고 호랑이에게 재판을 하려면 상황을 알아야 하니 처음부터 다시 보여 달라고 했습니다. 어리석은 호랑이는 토끼의 말대로 다시 함정으로 뛰어 들어갔습니다. 토끼의 꾀를 알아차렸을 때는 이미 늦었습니다. 그래서 결국 호랑이는 함정 속에서 굶어 죽고 말았습니다.

한달완성 한국어 중급 쓰기

가)

나)

다)

라)

3. 다음 그림은 서로 다른 두 이야기의 시작입니다. 다음 그림 중에서 하나를 골라 재미있는 이야기를 만들어 봅시다.

〈그림 1〉 〈그림 2〉

106

2. 가) 지선 씨는 내일 있을 데이트를 상상하며 기대에 부풀어 있었습니다.
나) 지선 씨는 미용실에 가서 미용사에게 인기 연예인의 머리 모양을 설명하며 그대로 해 달라고 부탁했습니다.
다) 그런데 미용사가 머리를 손질하고 있는 동안 지선 씨는 깜빡 잠이 들고 말았습니다.
라) 잠에서 깬 미선 씨는 아줌마처럼 이상하게 꼬불거리는 머리를 보고 깜짝 놀랐습니다.

16과 내 마음은 호수요

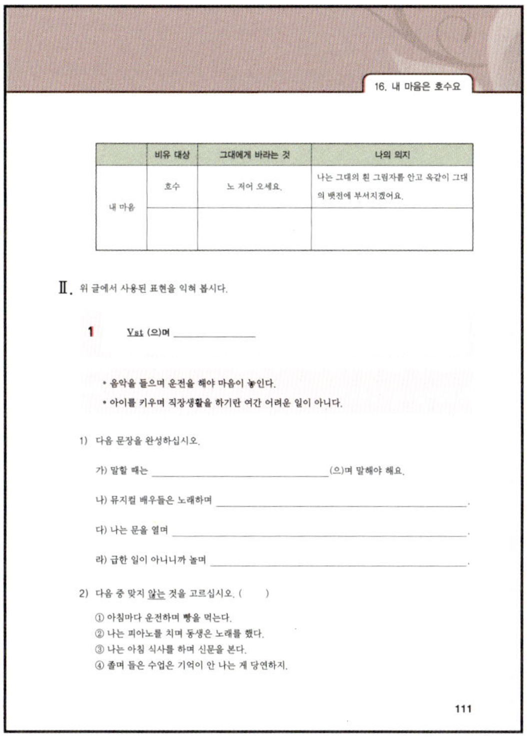
16. 내 마음은 호수요

	비유 대상	그대에게 바라는 것	나의 의지
내 마음	호수	노 저어 오세요.	나는 그대의 흰 그림자를 안고 옥같이 그대의 뱃전에 부서지겠어요.

Ⅱ. 위 글에서 사용된 표현을 익혀 봅시다.

1 Vst (으)며 ______

• 음악을 들으며 운전을 해야 마음이 놓인다.
• 아이를 키우며 직장생활을 하기란 여간 어려운 일이 아니다.

1) 다음 문장을 완성하십시오.

가) 말할 때는 ______(으)며 말해야 해요.

나) 뮤지컬 배우들은 노래하며 ______.

다) 나는 문을 열며 ______.

라) 급한 일이 아니니까 놀며 ______.

2) 다음 중 맞지 않는 것을 고르십시오. (　　)

① 아침마다 운전하며 빵을 먹는다.
② 나는 피아노를 치며 동생은 노래를 했다.
③ 나는 아침 식사를 하며 신문을 본다.
④ 졸며 들은 수업은 기억이 안 나는 게 당연하지.

111

Ⅰ.

	비유 대상	그대에게 바라는 것	나의 의지
내 마음	호수	노 저어 오세요.	나는 그대의 흰 그림자를 안고 옥같이 그대의 뱃전에 부서지겠어요.
	촛불	저 문을 닫아 주세요.	나는 그대의 비단 옷자락에 떨며, 고요히 최후의 한 방울도 남김없이 타겠어요.

Ⅱ.

1\. 1)

가) 듣는 사람의 입장을 고려하며

나) 춤 추는 일이 보통 힘든 게 아닐 거예요.

다) "늦어서 죄송합니다"라고 말했다.

라) 공부하는 직장인들이 많다.

2) ②

17과 연기를 잘 하기로는 그 배우를 따른 사람이 없다

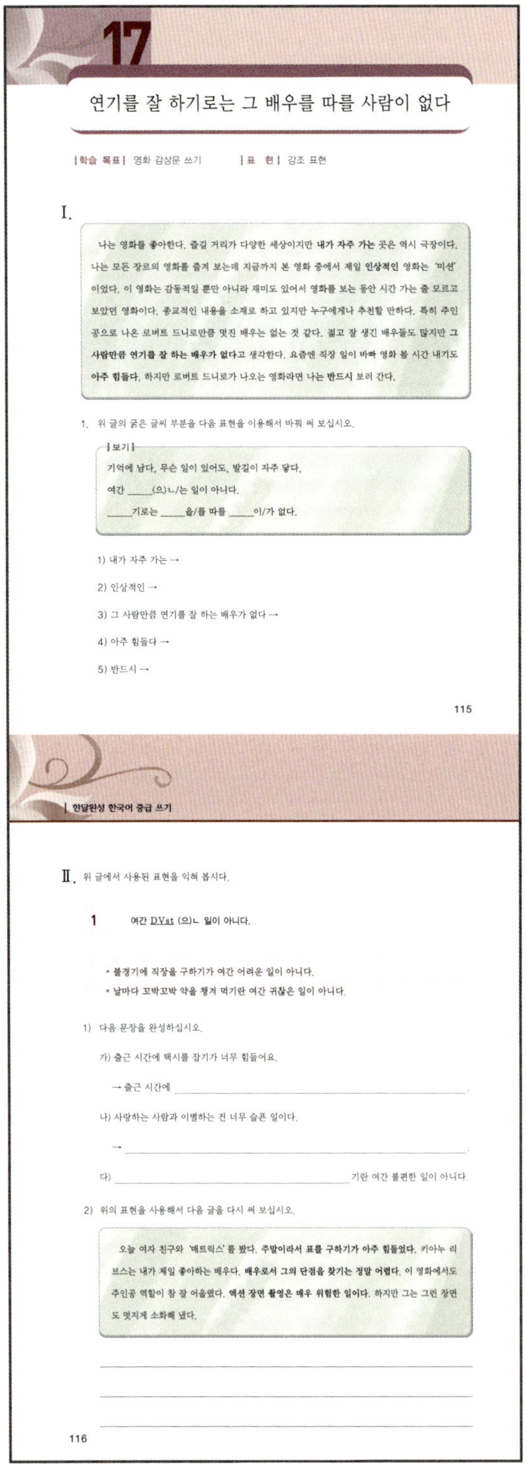
17

연기를 잘 하기로는 그 배우를 따를 사람이 없다

|학습 목표| 영화 감상문 쓰기 |표 현| 강조 표현

I.

나는 영화를 좋아한다. 즐길 거리가 다양한 세상이지만 **내가 자주 가는** 곳은 역시 극장이다. 나는 모든 장르의 영화를 즐겨 보는데 지금까지 본 영화 중에서 제일 **인상적인** 영화는 '미션'이었다. 이 영화는 감동적일 뿐만 아니라 재미도 있어서 영화를 보는 동안 시간 가는 줄 모르고 보았던 영화이다. 종교적인 내용을 소재로 하고 있지만 누구에게나 추천할 만하다. 특히 주인공으로 나온 로버트 드니로만큼 멋진 배우는 없는 것 같다. 젊고 잘 생긴 배우들도 많지만 **그 사람만큼 연기를 잘 하는 배우가 없다**고 생각한다. 요즘엔 직장 일이 바빠 영화 볼 시간 내기도 **아주 힘들다**. 하지만 로버트 드니로가 나오는 영화라면 나는 **반드시** 보러 간다.

1. 위 글의 굵은 글씨 부분을 다음 표현을 이용해서 바꿔 써 보십시오.

|보기|
기억에 남다, 무슨 일이 있어도, 발길이 자주 닿다,
여간 ____(으)ㄴ/는 일이 아니다.
____기로는 ____을/를 따를 ____이/가 없다.

1) 내가 자주 가는 →
2) 인상적인 →
3) 그 사람만큼 연기를 잘 하는 배우가 없다 →
4) 아주 힘들다 →
5) 반드시 →

115

| 한달완성 한국어 중급 쓰기

Ⅱ. 위 글에서 사용된 표현을 익혀 봅시다.

1 여간 DVst (으)ㄴ 일이 아니다.

- 불경기에 직장을 구하기가 여간 어려운 일이 아니다.
- 날마다 꼬박꼬박 약을 챙겨 먹기란 여간 귀찮은 일이 아니다.

1) 다음 문장을 완성하십시오.

가) 출근 시간에 택시를 잡기가 너무 힘들어요.
→ 출근 시간에 ____________________.

나) 사랑하는 사람과 이별하는 건 너무 슬픈 일이다.
→ ____________________.

다) ____________________ 기란 여간 불편한 일이 아니다.

2) 위의 표현을 사용해서 다음 글을 다시 써 보십시오.

오늘 여자 친구와 '매트릭스'를 봤다. 주말이라서 **표를 구하기가 아주 힘들었다**. 키아누 리브스는 내가 제일 좋아하는 배우다. **배우로서 그의 단점을 찾기는 정말 어렵다**. 이 영화에서도 주인공 역할이 참 잘 어울렸다. **액션 장면 촬영은 매우 위험한 일이다**. 하지만 그는 그런 장면도 멋지게 소화해 냈다.

116

Ⅰ.

1. 1) 발길이 자주 닿는
   2) 기억에 남는
   3) 연기를 잘 하기로는 그 사람을 따를 배우가 없다
   4) 여간 힘든 일이 아니다
   5) 무슨 일이 있어도

Ⅱ.

1. 1)
   가) 출근 시간에 택시를 잡기가 여간 어려운 일이 아니다.
   나) 사랑하는 사람과 이별하는 건 여간 슬픈 일이 아니다.
   다) 지하철을 세 번씩 갈아타며 다니기란 여간 불편한 일이 아니다.

   2) 오늘 여자친구와 '매트릭스'를 봤다. 주말이라서 표를 구하기가 여간 힘든 일이 아니었다. 키아누 리브스는 내가 제일 좋아하는 배우다. 배우로서 그의 단점을 찾기는 여간 어려운 일이 아니다. 이 영화에서도 주인공 역할이 참 잘 어울렸다. 액션 장면 촬영은 여간 위험한 일이 아니다. 하지만 그는 그런 장면도 멋지게 소화해 냈다.

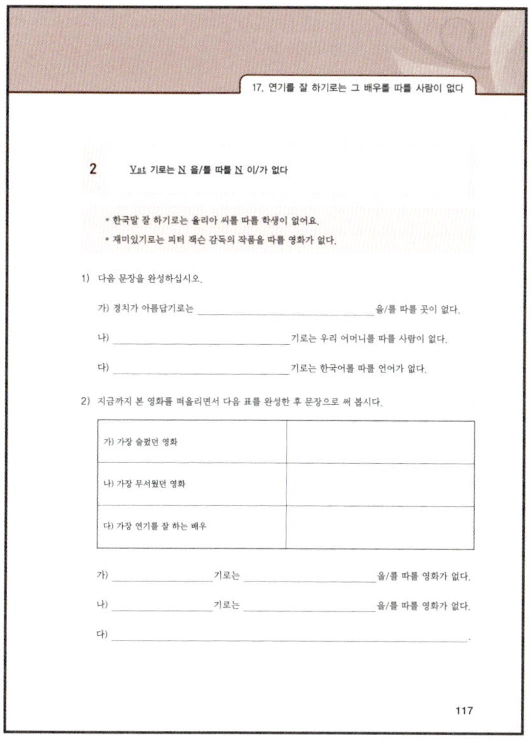

17. 연기를 잘 하기로는 그 배우를 따를 사람이 없다

2 Vst 기로는 N 을/를 따를 N 이/가 없다

- 한국말 잘 하기로는 올리아 씨를 따를 학생이 없어요.
- 재미있기로는 피터 잭슨 감독의 작품을 따를 영화가 없다.

1) 다음 문장을 완성하십시오.

가) 경치가 아름답기로는 ________ 을/를 따를 곳이 없다.

나) ________ 기로는 우리 어머니를 따를 사람이 없다.

다) ________ 기로는 한국어를 따를 언어가 없다.

2) 지금까지 본 영화를 떠올리면서 다음 표를 완성한 후 문장으로 써 봅시다.

가) 가장 슬펐던 영화	
나) 가장 무서웠던 영화	
다) 가장 연기를 잘 하는 배우	

가) ________ 기로는 ________ 을/를 따를 영화가 없다.

나) ________ 기로는 ________ 을/를 따를 영화가 없다.

다) ________.

117

2. 1)

가) 경치가 아름답기로는 설악산을 따를 곳이 없다.

나) 요리 잘 하기로는 우리 어머니를 따를 사람이 없다.

다) 발음이 어렵기로는 한국어를 따를 언어가 없다.

18과 운동을 한다 한다 하는 것이 못 하고 있다

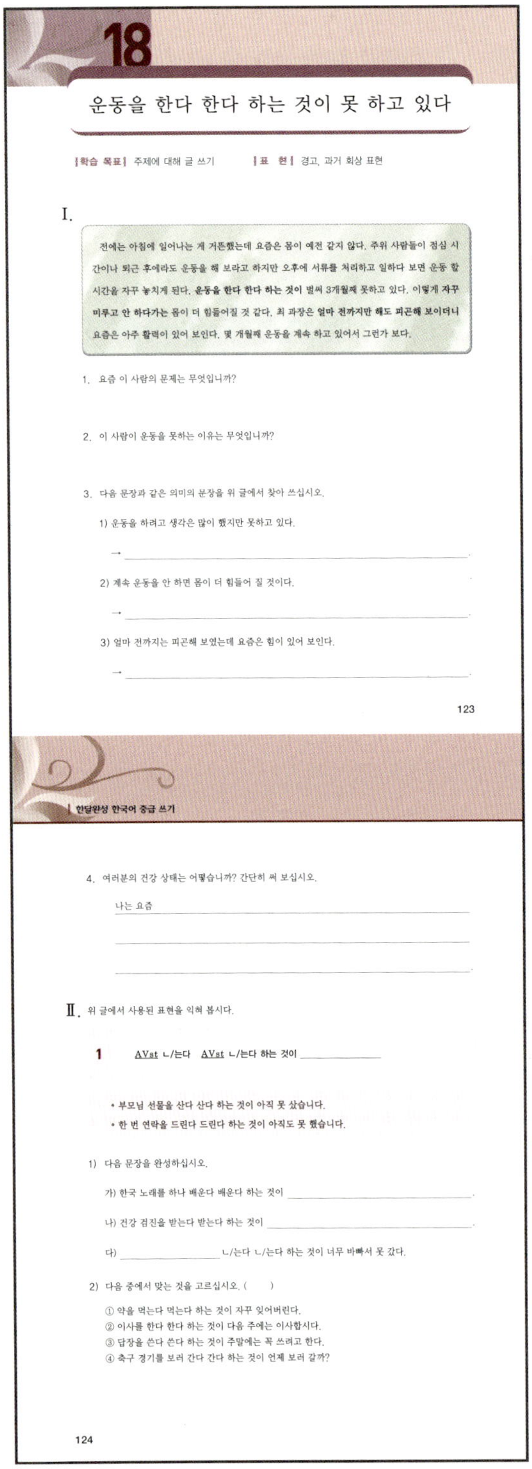

18

운동을 한다 한다 하는 것이 못 하고 있다

|학습 목표| 주제에 대해 글 쓰기 |표 현| 경고, 과거 회상 표현

I.

전에는 아침에 일어나는 게 거뜬했는데 요즘은 몸이 예전 같지 않다. 주위 사람들이 점심 시간이나 퇴근 후에라도 운동을 해 보라고 하지만 오후에 서류를 처리하고 일하다 보면 운동 할 시간을 자꾸 놓치게 된다. **운동을 한다 한다 하는 것이** 벌써 3개월째 못하고 있다. 이렇게 **자꾸 미루고 안 하다가는** 몸이 더 힘들어질 것 같다. 최 과장은 **얼마 전까지만 해도 피곤해 보이더니** 요즘은 아주 활력이 있어 보인다. 몇 개월째 운동을 계속 하고 있어서 그런가 보다.

1. 요즘 이 사람의 문제는 무엇입니까?

2. 이 사람이 운동을 못하는 이유는 무엇입니까?

3. 다음 문장과 같은 의미의 문장을 위 글에서 찾아 쓰십시오.

1) 운동을 하려고 생각은 많이 했지만 못하고 있다.

→ ______________.

2) 계속 운동을 안 하면 몸이 더 힘들어 질 것이다.

→ ______________.

3) 얼마 전까지는 피곤해 보였는데 요즘은 힘이 있어 보인다.

→ ______________.

123

한달완성 한국어 중급 쓰기

4. 여러분의 건강 상태는 어떻습니까? 간단히 써 보십시오.

나는 요즘 ______________

____

______________.

II. 위 글에서 사용된 표현을 익혀 봅시다.

1 AVst ㄴ/는다 AVst ㄴ/는다 하는 것이 ______

- 부모님 선물을 산다 산다 하는 것이 아직 못 샀습니다.
- 한 번 연락을 드린다 드린다 하는 것이 아직도 못 했습니다.

1) 다음 문장을 완성하십시오.

가) 한국 노래를 하나 배운다 배운다 하는 것이 ______________.

나) 건강 검진을 받는다 받는다 하는 것이 ______________.

다) ______________ ㄴ/는다 ㄴ/는다 하는 것이 너무 바빠서 못 갔다.

2) 다음 중에서 맞는 것을 고르십시오. ( )

① 약을 먹는다 먹는다 하는 것이 자꾸 잊어버린다.
② 이사를 한다 한다 하는 것이 다음 주에는 이사합시다.
③ 답장을 쓴다 쓴다 하는 것이 주말에는 꼭 쓰려고 한다.
④ 축구 경기를 보러 간다 간다 하는 것이 언제 보러 갈까?

124

I.

1. 전에는 아침에 일어나는 게 거뜬했는데 요즘은 몸이 예전 같지 않다.

2. 오후에 서류를 처리하고 일하다 보면 운동할 시간을 자꾸 놓친다.

3. 1) 운동을 한다 한다 하는 것이 못하고 있다.
   2) 운동을 자꾸 미루고 안 하다가는 몸이 더 힘들어질 것 것이다.
   3) 얼마 전까지만 해도 피곤해 보이더니 요즘은 아주 활력이 있어 보인다.

II.

1. 1)
   가) 바빠서 못 배우고 있어요.
   나) 일이 너무 많아서 아직 못 받았어요.
   다) 설악산에 한 번 가 본다 가 본다 하는 것이

   2) ①

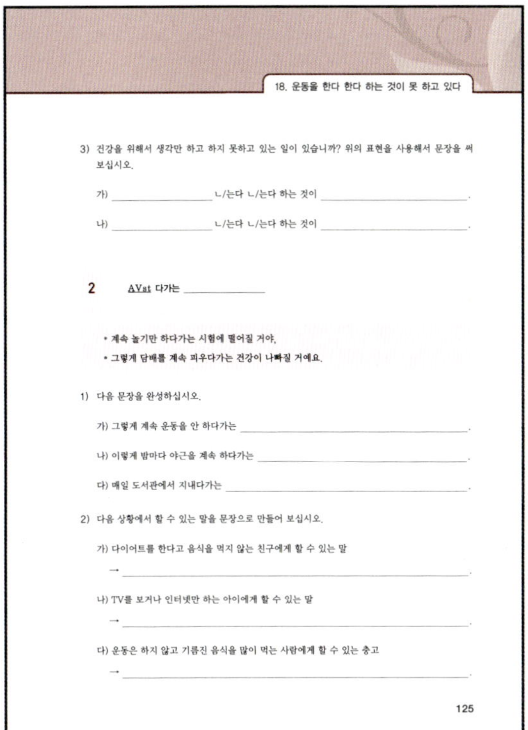

3) 건강을 위해서 생각만 하고 하지 못하고 있는 일이 있습니까? 위의 표현을 사용해서 문장을 써 보십시오.

가) ______________ ㄴ/는다 ㄴ/는다 하는 것이 ______________.

나) ______________ ㄴ/는다 ㄴ/는다 하는 것이 ______________.

2 AVst 다가는 ______________

- 계속 놀기만 하다가는 시험에 떨어질 거야.
- 그렇게 담배를 계속 피우다가는 건강이 나빠질 거예요.

1) 다음 문장을 완성하십시오.

가) 그렇게 계속 운동을 안 하다가는 ______________.

나) 이렇게 밤마다 야근을 계속 하다가는 ______________.

다) 매일 도서관에서 지내다가는 ______________.

2) 다음 상황에서 할 수 있는 말을 문장으로 만들어 보십시오.

가) 다이어트를 한다고 음식을 먹지 않는 친구에게 할 수 있는 말

→ ______________.

나) TV를 보거나 인터넷만 하는 아이에게 할 수 있는 말

→ ______________.

다) 운동은 하지 않고 기름진 음식을 많이 먹는 사람에게 할 수 있는 충고

→ ______________.

2. 1)

가) 체력이 떨어져서 걷기도 힘들어질 거야.

나) 쓰러질 것 같아요.

다) 연애도 못하고 결혼도 못 할 거야.

2)

가) 그렇게 계속 굶다가는 살이 빠지기 전에 병이 나서 병원에 실려 갈 거야.

나) 그렇게 공부는 안 하고 인터넷만 하다가는 시험을 망치고 말거야.

다) 운동을 하지 않고 기름진 음식만 먹다가는 금방 비만이 될 거야.

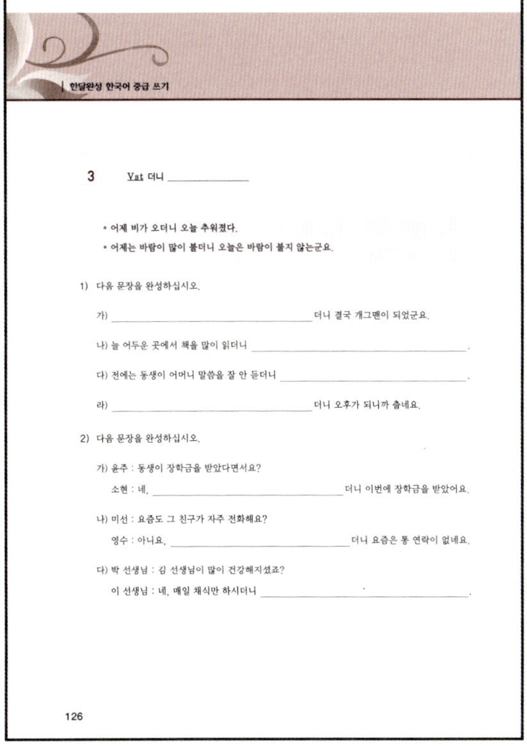

3 Vst 더니 ______________

- 어제 비가 오더니 오늘 추워졌다.
- 어제는 바람이 많이 불더니 오늘은 바람이 불지 않는군요.

1) 다음 문장을 완성하십시오.

가) ______________ 더니 결국 개그맨이 되었군요.

나) 늘 어두운 곳에서 책을 많이 읽더니 ______________.

다) 전에는 동생이 어머니 말씀을 잘 안 듣더니 ______________.

라) ______________ 더니 오후가 되니까 춥네요.

2) 다음 문장을 완성하십시오.

가) 윤주 : 동생이 장학금을 받았다면서요?

소현 : 네, ______________ 더니 이번에 장학금을 받았어요.

나) 미선 : 요즘도 그 친구가 자주 전화해요?

영수 : 아니요, ______________ 더니 요즘은 통 연락이 없네요.

다) 박 선생님 : 김 선생님이 많이 건강해지셨죠?

이 선생님 : 네, 매일 채식만 하시더니 ______________.

3. 1)

가) 학교 다닐 때부터 친구들을 잘 웃기더니

나) 눈이 많이 나빠졌구나.

다) 요즘은 어머니가 말씀하시기 전에 스스로 알아서 해요.

라) 낮에는 따뜻하더니

2)

가) 매일 새벽 두시까지 공부하더니

나) 지난달에는 하루에도 몇 번 씩 전화하더니

다) 혈압도 낮아지고 건강해 보이세요.

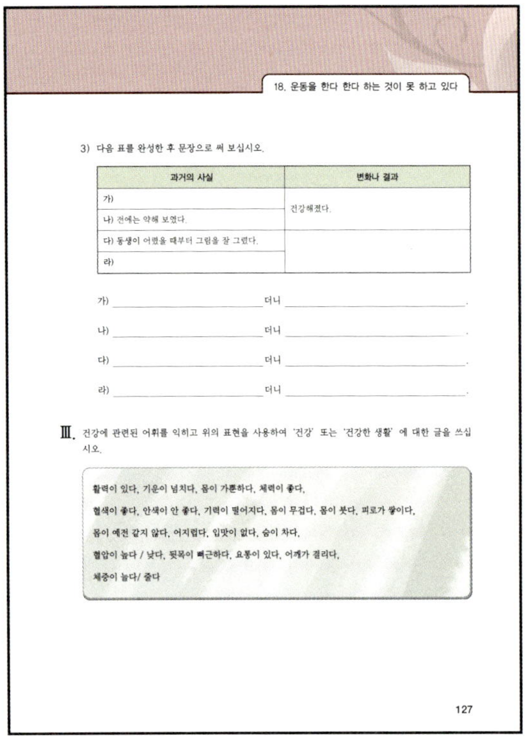
18. 운동을 한다 한다 하는 것이 못 하고 있다

3) 다음 표를 완성한 후 문장으로 써 보십시오.

과거의 사실	변화나 결과
가)	건강해졌다.
나) 전에는 약해 보였다.	
다) 동생이 어렸을 때부터 그림을 잘 그렸다.	
라)	

가) ______________ 더니 ______________.

나) ______________ 더니 ______________.

다) ______________ 더니 ______________.

라) ______________ 더니 ______________.

Ⅲ. 건강에 관련된 어휘를 익히고 위의 표현을 사용하여 '건강' 또는 '건강한 생활' 에 대한 글을 쓰십시오.

활력이 있다, 기운이 넘치다, 몸이 가뿐하다, 체력이 좋다,
혈색이 좋다, 안색이 안 좋다, 기력이 떨어지다, 몸이 무겁다, 몸이 붓다, 피로가 쌓이다,
몸이 예전 같지 않다, 어지럽다, 입맛이 없다, 숨이 차다,
혈압이 높다 / 낮다, 뒷목이 뻐근하다, 요통이 있다, 어깨가 결리다,
체중이 늘다/ 줄다

127

3)

과거의 사실	변화나 결과
가) 영수 씨가 아침마다 등산했다.	건강해졌다.
나) 전에는 약해 보였다.	
다) 동생이 어렸을 때부터 그림을 잘 그렸다.	화가가 되었다.
라) 1년 전에는 키가 작았다.	지금은 많이 자랐다.

가) 영수 씨가 아침마다 등산을 하더니 건강해졌어요.

나) 전에는 약해 보이더니 건강해졌네요.

다) 동생이 어렸을 때부터 그림을 잘 그리더니 화가가 되었다.

라) 1년 전에는 키가 작더니 지금은 많이 자랐다.

19과 세금 인상이 가장 좋은 방법이라고 생각한다

1. 위 글에 제목을 붙여 보십시오.

2. 위 글의 가)를 한 문장으로 요약하십시오.

3. 위 글의 나)를 완성하십시오.

Ⅱ. 위 글에서 사용된 표현을 익혀 봅시다.

1 Vst (ㄴ/는)다고 보다
Vst (ㄴ/는)다고 생각하다

* 나는 노력만이 성공의 지름길이라고 생각한다.
* 전문가들은 이 문제가 해결되기 어렵다고 본다.

1) 다음 문장을 완성하십시오.

가) 교사 : 현재 여러분 나라에서 가장 심각한 사회 문제가 무엇입니까?
학생 : ______________ 다고 생각합니다.

나) 나는 한국인들이 ______________ 다고 생각한다.

다) 의학 전문가들은 암이 ______________ 다고 본다.

2) 여러분은 위 글의 주장에 대해서 어떻게 생각하십니까? 괄호 안의 단어를 골라 쓰십시오.

나는 이 사람의 의견이 ______________ 다고 본다. (옳다 / 잘못 되었다)
왜냐하면 ______________ 기 때문이다.

2 Vst (으)면 Vst 게 마련이다

* 술을 많이 마시면 건강이 나빠지게 마련이다.
* 시간이 지나면 누구나 익숙해지게 마련이다.

1) 다음 문장을 완성하십시오.

가) 나이가 들면 누구나 ______________.

나) ______________ (으)면 좋은 결과를 얻게 마련이지요.

다) 학생 : 하숙집 친구들과 헤어질 때 너무 섭섭해서 눈물이 다 났어요.
교사 : 오랜 시간을 함께 지내다 보면 ______________.

2) 다음 표를 완성한 후 문장으로 써 보십시오.

원인	자연스러운 결과
가) 서두른다.	실수한다.
나) 술 값이 인상된다.	
다)	

가) 서두르면 ______________ 게 마련이다.

나) 술 값이 인상되면 ______________ 게 마련이다.

다) ______________ (으)면 ______________ 게 마련이다.

1. '술 소비를 줄이는 방법' 또는 '주류세를 인상하자'

2. 한국인은 술을 많이 마신다.

3. 지나친 음주로 인해 간암과 위암 발생률이 매년 증가하고 있으며 음주운전으로 인한 교통사고도 매년 증가하고 있는 추세다. 또한 알콜 중독으로 직장과 가정을 모두 잃는 경우조차 있다.

Ⅱ.

1. 1)
가) 경제 문제가 가장 심각하다고 생각합니다.
나) 나는 한국인이 정이 많다고 생각한다.
다) 의학 전문가들은 암이 곧 정복될 것이라고 본다.

2) (보기) 나는 이 사람의 의견이 잘못 되었다고 본다. 왜냐하면 세금 인상만으로는 큰 효과를 기대하기가 어렵기 때문이다.

2. 1)
가) 나이가 들면 누구나 얼굴에 주름이 생기게 마련이다.
나) 성실하게 노력하면 좋은 결과를 얻게 마련이지요.
다) 오랜 시간을 함께 지내다 보면 정이 들게 마련이지요.

2)

원인	자연스러운 결과
가) 서두른다	실수한다
나) 술 값이 인상된다	술 소비가 준다
다) 똑같은 음식을 계속 먹다	싫증이 나다

가) 서두르면 실수하게 마련이다.
나) 술 값이 인상되면 술 소비가 줄게 마련이다.
다) 똑같은 음식을 계속 먹으면 싫증이 나게 마련이다.

20과 손에 땀을 쥐게 하는 경기였다

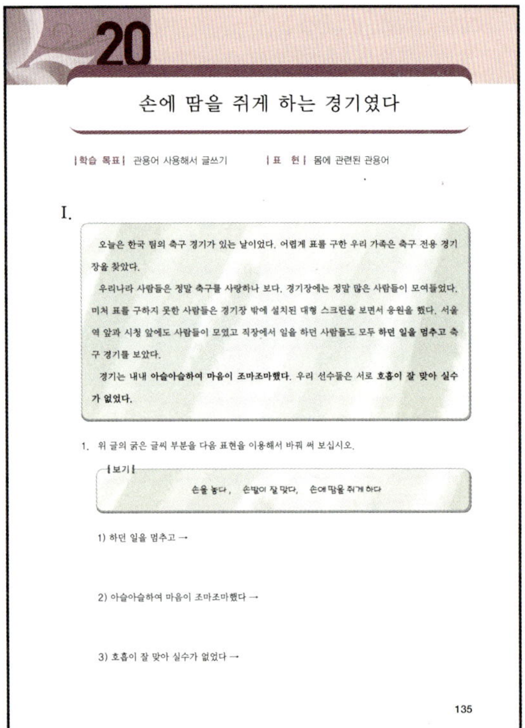

20 손에 땀을 쥐게 하는 경기였다

|학습 목표| 관용어 사용해서 글쓰기 |표 현| 몸에 관련된 관용어

I.

오늘은 한국 팀의 축구 경기가 있는 날이었다. 어렵게 표를 구한 우리 가족은 축구 전용 경기장을 찾았다.

우리나라 사람들은 정말 축구를 사랑하나 보다. 경기장에는 정말 많은 사람들이 모여들었다. 미처 표를 구하지 못한 사람들은 경기장 밖에 설치된 대형 스크린을 보면서 응원을 했다. 서울역 앞과 시청 앞에도 사람들이 모였고 직장에서 일을 하던 사람들도 모두 **하던 일을 멈추고** 축구 경기를 보았다.

경기는 내내 **아슬아슬하여 마음이 조마조마했다**. 우리 선수들은 서로 **호흡이 잘 맞아 실수가 없었다.**

1. 위 글의 굵은 글씨 부분을 다음 표현을 이용해서 바꿔 써 보십시오.

|보기| 손을 놓다, 손발이 잘 맞다, 손에 땀을 쥐게 하다

1) 하던 일을 멈추고 →

2) 아슬아슬하여 마음이 조마조마했다 →

3) 호흡이 잘 맞아 실수가 없었다 →

135

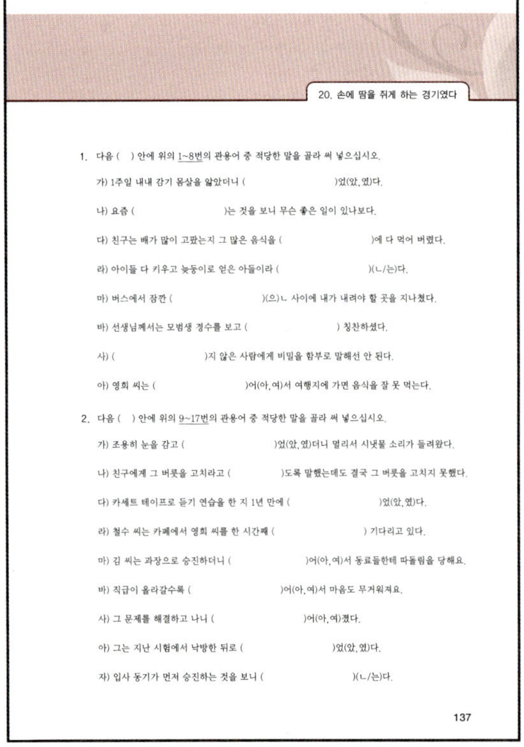

20. 손에 땀을 쥐게 하는 경기였다

1. 다음 ( ) 안에 위의 1~8번의 관용어 중 적당한 말을 골라 써 넣으십시오.

가) 1주일 내내 감기 몸살을 앓았더니 ( )었(았, 였)다.

나) 요즘 ( )는 것을 보니 무슨 좋은 일이 있나보다.

다) 친구는 배가 많이 고팠는지 그 많은 음식을 ( )에 다 먹어 버렸다.

라) 아이들 다 키우고 늦둥이로 얻은 아들이라 ( )(ㄴ/는)다.

마) 버스에서 잠깐 ( )(으)ㄴ 사이에 내가 내려야 할 곳을 지나쳤다.

바) 선생님께서는 모범생 경수를 보고 ( ) 칭찬하셨다.

사) ( )지 않은 사람에게 비밀을 함부로 말해선 안 된다.

아) 영희 씨는 ( )어(아, 여)서 여행지에 가면 음식을 잘 못 먹는다.

2. 다음 ( ) 안에 위의 9~17번의 관용어 중 적당한 말을 골라 써 넣으십시오.

가) 조용히 눈을 감고 ( )었(았, 였)더니 멀리서 시냇물 소리가 들려왔다.

나) 친구에게 그 버릇을 고치라고 ( )도록 말했는데도 결국 그 버릇을 고치지 못했다.

다) 카세트 테이프로 듣기 연습을 한 지 1년 만에 ( )었(았, 였)다.

라) 철수 씨는 카페에서 영희 씨를 한 시간째 ( ) 기다리고 있다.

마) 김 씨는 과장으로 승진하더니 ( )어(아, 여)서 동료들한테 따돌림을 당해요.

바) 직급이 올라갈수록 ( )어(아, 여)서 마음도 무거워져요.

사) 그 문제를 해결하고 나니 ( )어(아, 여)졌다.

아) 그는 지난 시험에서 낙방한 뒤로 ( )었(았, 였)다.

자) 입사 동기가 먼저 승진하는 것을 보니 ( )(ㄴ/는)다.

137

Ⅰ.

1. 1) 손을 놓고
   2) 손에 땀을 쥐게 했다.
   3) 손발이 잘 맞았다.

Ⅱ.

1. 가) 얼굴이 반쪽이 되었다.
   나) 얼굴이 피는
   다) 눈 깜짝할 사이
   라) 눈에 넣어도 아프지 않다.
   마) 눈을 붙인
   바) 입에 침이 마르도록
   사) 입이 무겁지
   아) 입이 짧아서

2. 가) 귀를 기울였
   나) 귀에 못이 박이
   다) 귀가 뚫렸다.
   라) 목이 빠지도록
   마) 목에 힘을 줘서
   바) 어깨가 무거워서

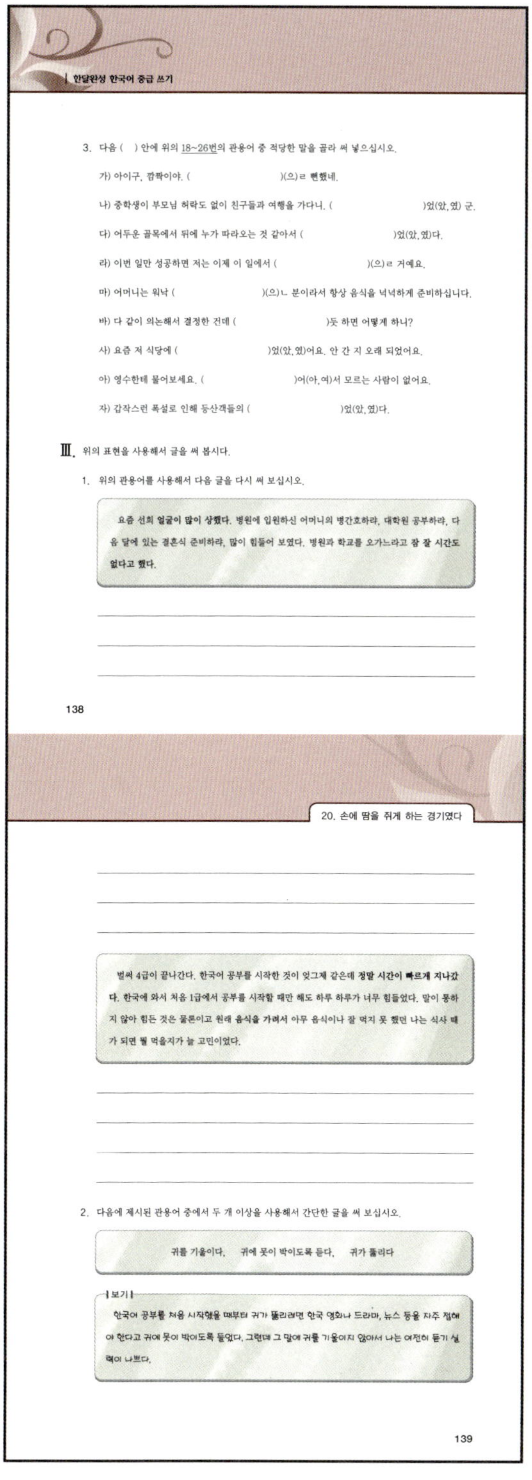
| 한달완성 한국어 중급 쓰기

3. 다음 ( ) 안에 위의 18~26번의 관용어 중 적당한 말을 골라 써 넣으십시오.

가) 아이구, 깜짝이야. ( )(으)ㄹ 뻔했네.

나) 중학생이 부모님 허락도 없이 친구들과 여행을 가다니. ( )었(았, 였) 군.

다) 어두운 골목에서 뒤에 누가 따라오는 것 같아서 ( )었(았, 였)다.

라) 이번 일만 성공하면 저는 이제 이 일에서 ( )(으)ㄹ 거예요.

마) 어머니는 워낙 ( )(으)ㄴ 분이라서 항상 음식을 넉넉하게 준비하십니다.

바) 다 같이 의논해서 결정한 건데 ( )듯 하면 어떻게 하니?

사) 요즘 저 식당에 ( )었(았, 였)어요. 안 간 지 오래 되었어요.

아) 영수한테 물어보세요. ( )어(아, 여)서 모르는 사람이 없어요.

자) 갑작스런 폭설로 인해 등산객들의 ( )었(았, 였)다.

Ⅲ. 위의 표현을 사용해서 글을 써 봅시다.

1. 위의 관용어를 사용해서 다음 글을 다시 써 보십시오.

요즘 선희 **얼굴이 많이 상했다.** 병원에 입원하신 어머니의 병간호하랴, 대학원 공부하랴, 다음 달에 있는 결혼식 준비하랴, 많이 힘들어 보였다. 병원과 학교를 오가느라고 **잠 잘 시간도 없다고 했다.**

138

20. 손에 땀을 쥐게 하는 경기였다

벌써 4급이 끝나간다. 한국어 공부를 시작한 것이 엊그제 같은데 **정말 시간이 빠르게 지나갔다.** 한국에 와서 처음 1급에서 공부를 시작할 때만 해도 하루 하루가 너무 힘들었다. 말이 통하지 않아 힘든 것은 물론이고 원래 **음식을 가려서** 아무 음식이나 잘 먹지 못 했던 나는 식사 때가 되면 뭘 먹을지가 늘 고민이었다.

2. 다음에 제시된 관용어 중에서 두 개 이상을 사용해서 간단한 글을 써 보십시오.

귀를 기울이다, 귀에 못이 박이도록 듣다, 귀가 틀리다

| 보기 |
한국어 공부를 처음 시작했을 때부터 귀가 뚫리려면 한국 영화나 드라마, 뉴스 등을 자주 접해야 한다고 귀에 못이 박이도록 들었다. 그런데 그 말에 귀를 기울이지 않아서 나는 여전히 듣기 실력이 나쁘다.

139

사) 어깨가 가벼워졌다

아) 어깨가 처졌다

자) 배가 아프다

3. 가) 간 떨어질

나) 간이 부었군

다) 간이 콩알만 해졌다.

라) 손을 뗄

마) 손이 큰

바) 손바닥 뒤집듯

사) 발을 끊었어요.

아) 발이 넓어서

자) 발이 묶였다.

Ⅲ.

1. 요즘 선희 얼굴이 반쪽이 되었다. 병원에 입원하신 어머니의 병간호하랴, 대학원 공부하랴, 다음 달에 있는 결혼식 준비하랴, 많이 힘들어 보였다. 병원과 학교를 오가느라고 눈 붙일 시간도 없다고 했다.

2. 벌써 4급이 끝나간다. 한국어 공부를 시작한 것이 엊그제 같은데 정말 시간이 눈 깜짝할 사이에 지나갔다. 한국에 와서 처음 1급 공부를 시작할 때만 해도 하루하루가 너무 힘들었다. 말이 통하지 않아 힘든 것은 물론 원래 입이 짧아서 아무 음식이나 잘 먹지 못했던 나는 식사 때가 되면 뭘 먹을지가 늘 고민이었다.